Dietrich Stollberg · P[illegible]aktisch

DIETRICH STOLLBERG

Predigt praktisch

Homiletik – kurz gefaßt,
mit zehn Predigtentwürfen

VANDENHOECK & RUPRECHT
IN GÖTTINGEN

CIP-Kurztitelaufnahme der Deutschen Bibliothek

Stollberg, Dietrich:
Predigt praktisch: Homiletik, kurz gefaßt; mit 10 Predigtentwürfen / Dietrich Stollberg. – Göttingen: Vandenhoeck und Ruprecht, 1979.
ISBN 3-525-60246-4

 Satz und Druck: Gulde-Druck, Tübingen. Bindearbeit: Hubert & Co., Göttingen.

VORWORT

Für Predigtpraktiker, die ihre Arbeit – vielleicht im Kreise der Familie, vielleicht bei Freunden, vielleicht aber auch in Mitarbeiter- und Gemeindegruppen – zur Diskussion stellen und durchdenken möchten, für Studenten, die sich einen ersten Überblick über mögliche homiletische Fragestellungen verschaffen oder auch aufs Examen vorbereiten wollen, und für engagierte und interessierte Gemeindeglieder aller Art, denen die Predigt am Herzen liegt, veröffentliche ich hier eine Art Mini-Homiletik, die Theorie und Praxis zu verbinden sucht. Von einer Spezialfrage, der „Glaubwürdigkeit" des Predigers, handelt das zweite Kapitel, während im dritten die problematische Rede vom „unverkürzten" Evangelium aufgegriffen wird. In einem vierten Teil stelle ich zehn Predigtmanuskripte zur Verfügung, mit denen sich der Leser allein oder in Seminaren und anderen Arbeitsgruppen kritisch – etwa anhand der im ersten Kapitel angebotenen Raster – auseinandersetzen kann. Zum besseren Verständnis der Predigtsituation und als Hilfe für die Analyse ist jeweils eine kurze Nachbemerkung, u. a. mit Angaben über Ort und Zeit der Predigt, beigefügt.

Marburg, Ostern 1979

INHALT

Vorwort 5

I. Homiletik – kurz gefaßt 9

1. Predigt heute 9
   1.1. Ein notwendiges Übel? 9
   1.2. Predigtmüdigkeit 9
   1.3. Kirchen des Wortes 10
2. Predigt grundsätzlich 11
   2.1. Der Glaube kommt aus dem Hören 11
   2.2. Predigt und Gottesdienst 12
   2.3. Predigtamt und Laiendienst 15
   2.4. Die Sache der Predigt 17
   2.5. Zur Hermeneutik 18
   2.6. Exkurs: Predigt und Politik 18
3. Predigt praktisch 20
   3.1. Predigt als Rede 20
   3.2. Methodische Konsequenzen 21
   3.3. Inhaltliche Gestaltung 22
      3.3.1. Zielbestimmung 22
      3.3.2. Wege zur Verwirklichung 23
      3.3.3. Gruppenarbeit 24
      3.3.4. Predigtformen 25
      3.3.5. Technische Medien 28
      3.3.6. Gliederung 29
   3.4. Arbeitsschritte 31
4. Predigt kritisch 33
   4.1. Kriterien zur Beurteilung 33
   4.2. Predigtnacharbeit 34
5. Predigen als „lifelong learning" 36
6. Literatur 37

II. Von der Glaubwürdigkeit des Predigers 39

1. Der Fall 39
2. Das Wort 41
3. Das Amt 41

4. Die „Amtspflicht" ... 47
5. Das „glaubwürdige" Vorbild ... 52
Literatur ... 55

III. Unsere Sünde und das „unverkürzte" Evangelium ... 57
1. Das Evangelium ... 57
2. Die Sünde ... 60
Zusammenfassung ... 62
Impulse zur Nacharbeit ... 63
Literatur ... 63

IV. „Geht heraus! Kommt hervor!" (Predigtentwürfe) ... 65
Aufruf zum Exodus! (Jes 49,8 f) ... 65
Verantwortung für wen? (Gal 6,2) ... 69
Was Gott uns gönnt (Lk 12,22–32) ... 73
Von Liebe und Haß (1 Joh 3,13–20) ... 76
Was ist wesentlich? (Lk 9,57–62) ... 82
Talent zum Risiko (Mt 25,14–30) ... 86
Unser Dank und Gottes Treue (1 Mose 8,15–22) ... 91
Gott hilft durch wenig (1 Sam 14,6) ... 94
Leben in Zerbrechlichkeit (2 Kor 4,6–10) ... 96
Gott ist amoralisch (1 Kor 1,18–25) ... 98

Literatur zu Kap. I–IV ... 102

I. HOMILETIK – KURZ GEFASST

1. Predigt heute

1.1. Ein notwendiges Übel?

Wenn man als treuer Gottesdienstbesucher viel herumkommt, bleibt einem die Enttäuschung über das, was einem da landauf landab von den Kanzeln entgegentönt, kaum erspart. Sie hängt natürlich zusammen mit Riesenerwartungen, die durch den reformatorischen Anspruch „solo verbo" geweckt und immer wieder bekräftigt worden sind. Dem differenziert beobachtenden Kritiker fällt dann sehr bald auf, daß oft zwischen Gottes und des Predigers Wort sowie zwischen Gottes und des Predigers Anspruch auf gültige Autorität so klar nicht unterschieden wird, ja daß allzu menschliche Ansichten und Parteinahmen zu verschiedenen Zeiten jeweils unter dem Vorwand, Gottes Wort zu verkündigen, der Bevölkerung gleichsam untergejubelt werden. Andererseits hat nie jemand Gottes Wort anders als in menschlicher Gestalt empfangen, und der Glaube an das Reich Gottes hat stets unter irdischen Bedingungen stattgefunden. Allerdings ist das „Solo verbo" des christlichen Credo in der Gesamtheit der Christenheit niemals so ausschließlich auf die Predigt als das zentrale Ereignis der Gemeinde bezogen worden wie im Protestantismus, und man kann daher mit Recht fragen, ob es sich denn bei den zahllosen allsonntäglichen Kanzelreden um eine Art von heilsnotwendigem Übel handle oder ob hier vielleicht eine irrtümliche Überbewertung eines Kommunikationsmodus vorliege, die der Vielfalt der Schöpfung und ihrer Möglichkeiten gar nicht entspricht.

1.2. Predigtmüdigkeit

Jedenfalls ist bei Predigern wie bei Predigthörern seit geraumer Zeit eine deutliche Predigtmüdigkeit zu beobachten, die sich nicht nur auf den derzeitigen Wochenend-Fetischismus und auf die Informations-Überflutung unserer Tage zurückführen läßt. Freilich kann man nicht bestreiten, daß die immer größer werdende Diskrepanz zwischen Arbeits- und Freizeit, die sich als eine neurotische und neurotisierende Triebentmischung (S. Freud), als ein ungesundes Auseinanderfallen von Pflicht und Neigung, verstehen läßt, dem Gottesdienstbesuch stark geschadet hat. Aber es ist doch zu fragen, wieso dieser von weiten Bevölkerungsschichten so leichthin und ohne irgendwelche Verlust-Empfindungen eindeutig auf die Pflichtseite statt auf die Lustseite geschoben wird. Dies muß auch an der Gestaltung des Gottesdienstes selbst liegen, und dabei, so darf vermutet werden, wiederum an der schon erwähnten Predigtmüdigkeit, die zur Gottesdienstmüdigkeit wird, wo dieser in seiner Gestaltung ganz auf die Predigt ausgerichtet ist. Von einer vergleichbaren Liturgiemüdigkeit ist in diesem Ausmaß bisher nicht berichtet worden. Ist es der Verlust an Konkretion, der viele Predigten langweilig macht? Oder ist es etwa gar kein Ver-Lust[1], sondern der altbekannte Widerstand der gefallenen Natur gegen Gottes erlösendes Wort, wie mancher frustrierte Prediger zu seinen Gunsten annehmen mag? Mit letzterer Deutung sollte man vorsichtig umgehen, bevor man nicht gründlich geklärt hat, wie es eigentlich mit der eigenen Lust des Predigers am Wort Gottes steht, wohin sich diese Lust zurückgezogen hat und wie sie wieder mit der Pflicht des „Dienstes am Wort" zusammengebracht werden kann. Das Verhältnis zur Lust ist bei Predigern ein Kapitel für sich. Dabei sollte gerade der Glaube an Gottes Liebe und Gnade den Weg zu Lust und Freude freimachen. Lust gibt es aber nicht ohne Sinnlichkeit, und wo Sinnlichkeit fehlt bzw. gar verteufelt wird, schwindet auch der Sinn. Predigten, die uns – als Prediger wie als Hörer – müde machen, sind gekennzeichnet durch einen Ver-Lust von Sinnlichkeit. Wer sich Sonntag für Sonntag Un-Sinn ausdenken bzw. anhören muß, wird zunächst ärgerlich; und wenn er diesen Ärger nicht loswerden kann sondern schlucken muß, wird er müde.

1.3. Kirchen des Wortes

Alle christlichen Kirchen sind Kirchen des Wortes. Aber nicht alle sind Predigt-Kirchen. Denn „das Wort ward Fleisch" (Joh 1.14), und Gottes Schöpfung, in die sein Logos eingegangen ist, bietet ihm unzählig viele Möglichkeiten der Konkretion. Der Glaube kann die Schöpfung als eine einzige riesige Quelle von Sakramenten betrachten, die für Gottes Gnade transparent werden können – je nach der konkreten Situation. Wie im Hebräischen der Begriff „Wort" die „Tat" einschließt, so im Griechischen der Begriff „Logos" vitale Dynamik und geistige

[1] Es handelt sich hier um ein Wortspiel, nicht um eine etymologische Ableitung.

Kraft. Und wie die modernen Kirchen Diakonie und Predigt nicht mehr trennen wollen, so sollten sie auch nicht Eucharistie und Predigt, Bild und Wort, Form und Inhalt, Sinnlichkeit und Geist, Lust und Glauben auseinanderdividieren. Kanzel und Altar gehören zusammen wie Kirche und Welt, obwohl und weil man sie unterscheiden muß.

2. *Predigt grundsätzlich*

Weil in der Predigtpraxis Inhalt und Form nicht wie Wesentliches vom Unwesentlichen zu trennen sind und weil das Was und das Wie einer Predigt eng zusammenhängen, darum ist über Predigt grundsätzlich nachzudenken.

2.1. *Der Glaube kommt aus dem Hören*

Nach Röm 10,17 kommt der Glaube aus dem Zuhören und aus dem, was man dabei vernimmt. Ein anschauliches Beispiel liefert die Erzählung von Maria und Martha Lk 10, 38–42. Es kommt also darauf an, im rechten Augenblick zu erkennen, was dran ist, und sich dem Partner und seiner Anrede auszusetzen, ihn an sich herankommen zu lassen und nicht durch „Gschaftlhuberei" (Betriebsamkeit) dem zu entfliehen, was dringend nötig wäre. Dies gilt für Prediger und Predigthörer. Es gilt in bezug auf Schrift und Bekenntnis, Kirche in der Gegenwart und kirchliche Tradition. Es gilt für die Kirche, die als *ganze* eine Gemeinschaft von Predigern ist, wie für die „Welt" überhaupt, der die Botschaft der Kirche im Namen Gottes Entscheidendes zu sagen hat: „So sind wir nun Botschafter an Christi statt, denn Gott vermahnet durch uns; so bitten wir nun an Christi statt: Lasset euch versöhnen mit Gott." (2.Kor 5,20) Wer auch immer predigt, indem er einen oder mehreren Mitmenschen Gottes Vergebung mitteilt, muß zuvor diese Botschaft selber vernommen haben. Wer immer sie vernehmen möchte, muß sich dafür öffnen, Offenheit riskieren und staunend wahrzunehmen wagen, was da vom Prediger auf ihn zukommt: Dieses ist kein Kinderspiel, denn es setzt die Erkenntnis der eigenen Schwäche und Not ebenso voraus wie den Mut, sich einem anderen Menschen, der ebenso defekt ist, mit dieser Schwäche auszuliefern, ihn an sich mit seiner Botschaft herankommen zu lassen und alle Ideale einer Humanität durch Leistung, Stärke und Sittlichkeit in bezug auf sich selber aufzugeben.

Es fragt sich, wie dieses „Wortgeschehen" sich in das Ritual öffentlicher und halböffentlicher monologischer Ansprachen umsetzen läßt, so daß dieses Reden auch auf ein echtes Hören trifft. These: Dieses ist dann möglich, wenn die Rede der Predigt aus eigenem Hören und Schweigen des Predigers heraus erfolgt, wenn er also aus eigener Betroffenheit heraus spricht und sich selber der Angst ausgesetzt hat, die mit echtem Sich-in-Frage-stellen-Lassen verbunden ist.

2.2. *Predigt und Gottesdienst*

Wenn der Glaube aus dem Hören kommt, so kommt er damit noch lange nicht notwendig aus dem Reden – im Gegenteil, er kommt aus dem Schweigen. Aber Menschen, die Glauben gefunden haben, möchten sich einander und anderen mitteilen. Ort dieser Mitteilung ist der Gottesdienst, wo Christen einander informieren, bestätigen, in Frage stellen, erinnern und ermutigen, indem sie ihren Glauben aussprechen. Dieses geschieht auf ganz verschiedene Weise, nicht zuletzt durch die immer wiederkehrende liturgische Formel der Vergebung (Absolution) und durch die gemeinsame Feier der Eucharistie. Auch die Predigt hat hier ihren Platz. Als Ansprache im Interesse des gemeinsamen Glaubens bringt sie einmal zur Sprache, was die Gemeinde bekennt und worin sie sich bestärken, worauf sie sich immer wieder verpflichten und besinnen möchte. Zum andern bringt sie zur Sprache, wofür die Gemeinde sich öffnen, worauf sie hören und woran sie sich neu orientieren möchte: Gottes Wort. Es handelt sich dabei um einen Zirkel: Menschen haben Gottes Wort vernommen, als „Herausgerufene" bilden sie die Gemeinschaft der Kirche (ecclesia), antworten damit auf sein Wort und sehen ihren Auftrag darin, dieses Wort weiterzugeben. Die Predigt richtet sich also einmal an die Gemeinde, die eine Gemeinschaft von Predigern sein soll, zum andern aber an jene, denen das Wort von der Vergebung neu ist. Sie ist daher zum einen Gemeindepredigt, zum andern Missionspredigt. Aber nicht jede Gemeindepredigt ist in erster Linie Missionspredigt, auch wenn sie Anrede des lebendigen Gottes an sein Volk und nicht nur darauf antwortendes Bekenntnis ist. Für treue Gottesdienstbesucher ist es eine Zumutung, wenn sie jedesmal wieder wie ungetaufte Anfänger behandelt werden, weil die Predigt über den Stil einer Aufklärung für Katechumenen nicht hinauskommt. Predigt im christlichen Gottesdienst ist in erster Linie nicht Missionspredigt, sondern dient in ihrer doppelten Funktion als Ausdruck des Glaubens einmal dem Zur-Sprache-Kommen des Wortes Gottes an seine Gemeinde, zum andern dem Zur-Sprache-Kommen des Bekenntnisses der Gemeinde gegenüber Gott. Beides soll im Rahmen des Gottesdienstes der Stärkung der Gemeinde und ihrer Selbstbesinnung dienen. Die Gemeinde hat als Gruppe wie als jedes einzelne Mitglied ein Recht darauf, unter sich und für sich zu sein, sich auszuruhen und Gott zu genießen (Augustinus), nachdem sie ihren Auftrag im Alltag und in der „Welt" wahrgenommen hat und bevor sie erneut an die Arbeit geht. Ihr gemeinsamer Gottesdienst soll deshalb gekennzeichnet sein durch Elemente fröhlichen Feierns und erholsamer Sammlung. Die Tat des Glaubens hat nur ihren Sinn, wenn sie aus der Konzentration, aus Freude, dankbar empfangener Ruhe und besonnener Wahrnehmung der Realitäten, die mit souveräner Distanz verbunden ist, heraus erfolgt. Kirchlicher Aktivismus ohne diese aus der Absolution kommende Ruhe endet rasch in dem sattsam bekannten Leerlauf.

Entsprechendes gilt nun auch für die Predigt im Gottesdienst. Was hier zur Sprache gebracht wird, soll in erster Linie aus dem Zentrum des Glaubens, der Gnade Gottes, heraus entwickelt werden, Ruhe, Ausatmen und Abstand ermöglichen, Hilfe zur Annahme des Faktischen bieten und die Botschaft tatsächlich erleben lassen, daß Gott mich so annimmt, wie ich bin. Der gesamte Gottesdienst einschließlich der Predigt soll ein Medium *dieses* Glaubens sein, ein Ausdruck für das Selbstverständnis der Kirche als Gemeinschaft derer, die einander annehmen, wie Christus uns angenommen hat (Röm 15,7). Statt dessen werden in unzähligen Gottesdiensten erschöpfte und müde Gemeindeglieder von ihren Sitzen alsbald wieder aufgescheucht, um erneut in jenen fruchtlosen Alltagskampf zu ziehen, der durch aktivistische Daseinsrechtfertigung charakterisiert ist: In ihren Spende-, Glaubens-, Freudigkeits- und Sittlichkeitsappellen unterscheidet sich die Kirche, wo immer sie auftreten, überhaupt nicht von der übrigen Welt; sie hat ihr nichts zu bieten, was sie nicht bis zur Verzweiflung täglich sowieso praktizierte – Moral. Ermutigung geschieht niemals durch Appelle, Veränderung erfolgt niemals erfolgreich durch Ablehnung des Bestehenden. Liebendes Geltenlassen, Aufgeben der panischen Abwehr gefürchteter Tatsachen, Wahrnehmen dessen, was ist – nur diese Einstellung, die aus einem konsequenten Glauben an Gottes Barmherzigkeit kommt, ermöglicht mutige Inangriffnahme dessen, was ansteht, konstruktive Aggression, die ans Ziel der Veränderung gelangt. Nur wer zu seiner Schwäche steht, kann wirkungsvolle Stärke praktizieren.

Für die Verkündigung im Sonntagsgottesdienst der Gemeinde heißt das zuerst und vor allem: radikales Abschiednehmen von der – immer noch und überall praktizierten! – Moralpredigt. Lieber Leser! Wagen Sie bei Ihrer nächsten Predigtvorbereitung ein kleines Experiment: Streichen Sie in Ihrem Manuskript alles, was auch nur im entferntesten irgendwie nach Moral, Gesetz, Lebens- und Glaubensregel, Anweisung, Aufmunterungsappell – kurz: nach einem Soll „riecht", *und* beobachten Sie sich selber, Ihre an dieser Stelle (beim Lesen wie bei der Durchführung) entstehenden Gedanken und Affekte; beobachten Sie aber natürlich auch Ihr Manuskript: Was bleibt für die geplante Predigt noch übrig? Reicht Ihnen Gottes Gnade und Güte allein aus, um eine Predigt darüber zu machen? Ist Gottes Barmherzigkeit genug – für Sie und für Ihre Gemeinde? Oder wollen Sie – verständlicherweise – endlich einmal Ihre Wut loswerden, indem Sie eine gesalzene Gerichtspredigt halten? (Ich neige selbst dazu.)

Nachdem wir den Gottesdienst der Gemeinde am Sonntag so streng von einer didaktischen Veranstaltung für Katechumenen einerseits und von einer missionarischen Veranstaltung andererseits zu unterscheiden versucht haben, sind einige *Überlegungen zur volkskirchlichen Situation* angebracht. Dabei interessiert in diesem Zusammenhang weniger die Krise der Volkskirche als die Tatsache, daß in unserer volkskirchlichen Tradition der Gemeindegottesdienst öffentlich ist und damit immer die Möglichkeit besteht, daß auch eine solche eher interne und primär nicht missionarische Veranstaltung der Gemeinde zu einer missionarischen und katechetischen wird. Es erscheint jedoch fragwürdig, daraus einen primär missionarischen und katechetischen Auftrag der gottesdienstlichen Predigt abzuleiten. Die Gemeinde braucht einen Ort, wo sie gleichsam unter sich ist und zu sich selber kommen kann, auch wenn sie keine Angst davor hat, sich selbst mit diesem Unter-sich-Sein der Öffentlichkeit zu stellen, und damit gelegentlich Mißverständnisse erzeugt, aber auch missionarische Wirkungen indirekter Art zeitigt. Ich rede hier also nicht esoterischer Abkapselung das Wort, sondern lebendigem Wechsel von Konzentration und Expansion, von Meditation und Aktion.

Dem hat die Predigt Rechnung zu tragen, indem sie ihre jeweilige Situation, ihre Zeit, ihren Ort, ihre Adressaten genau beachtet. Was für den sonntäglichen Gemeindegottesdienst und sogenannte Neben-, Wochen- und dergleichen -gottesdienste gilt, trifft in besonderem Maße für die *Kasualien* zu. Viel weniger als beim Gemeindegottesdienst kann hier eine einheitliche Hörerschaft vorausgesetzt werden. Die Gemeinde ist hier *nicht* unter sich, die Sprache der Bibel dürfte vielen Hörern unbekannt sein, schon das apostolische Glaubensbekenntnis kann nicht mehr als Gemeinsamkeit vorausgesetzt werden. Hingegen ist das Vaterunser immer noch allgemein bekannt und bildet einen geistlichen Minimalkonsens, auf den viel öfter auch in der Predigt Bezug genommen werden könnte. Der Versuchung, anläßlich von Kasualien, Schulgottesdiensten und hohen Feiertagen, die weniger als spezifisch christliche, sondern als öffentliche und der Volkssitte entsprechende Rituale empfunden werden, die bunt gemischte Hörerschaft einmal so richtig mit dem Anspruch der Kirche (und dem Anspruch des Predigers, der durch die übliche Geringschätzung seiner Sonntagspredigt permanente Kränkungen verarbeiten muß) zu konfrontieren, muß mit aller Kraft widerstanden werden. Ihr nachzugeben bedeutet Verrat an der freilassenden Gnade Gottes, dem Herzstück unseres Glaubens. Die mehr oder weniger zufällig und bunt zusammengewürfelte Gemeinde solcher Gottesdienste würde sich in ihrem moralistischen Vorurteil gegenüber der Kirche, auf die sie ihr ganzes Überich samt den dazugehörigen Formen der Abwehr projiziert, nur bestätigt fühlen: Wieder einmal eine Moralpredigt gehört, sich wieder einmal mehr zusammenschimpfen lassen, der Kindespflicht gegenüber den himmlischen Eltern genügt, den religiösen Dienst, den Gott leider verlangt, wieder einmal für längere Zeit abgeleistet! Demgegenüber hat der Prediger die Chance, solche infantilen Erwartungen zu frustrieren und die Gemeinde das Staunen zu lehren über einen Gott, der sie absolut freiläßt, nichts fordert, ihr Leben, Freude und Barmherzigkeit schenkt – als Angebot, das sie annehmen oder ignorieren kann. Dabei ist aber dieses Ignorieren nicht sofort wieder unter Strafe zu stellen sondern als echte Chance der Freiheit zu verstehen, die Gott uns tatsächlich gibt.

Wieviel Freiheit in Angelegenheiten der kirchlichen Lebensordnung, der Beteiligung am Gottesdienst, an sonstigen Aktivitäten Ihrer Gemeinde etc. gestehen Sie sich selber und Ihren Gemeindegliedern zu?

2.3. Predigtamt und Laiendienst

Was halten Sie von jenen, die Ihre und der Gemeinde Dienste nur anläßlich der Passageriten (Kasualien), hoher Festtage und in besonderer Not in Anspruch nehmen? Solche Menschen sind für den fleißigen Gemeindepfarrer und Prediger, der sich bemüht, an der Attraktivität des Gemeindelebens nach Kräften mitzuwirken, eine permanente Anfechtung: Wie gehen Sie damit um? Geben Sie sich noch mehr Mühe? Oder geben Sie vielleicht den Leuten zu verstehen, daß es ihre eigene Sache sei, was die Gemeinde „zu bieten" habe und daß Sie als ausgebildeter Fachmann im dadurch begrenzten Rahmen nur als Berater und Helfer – etwa bei der Schriftauslegung – zur Verfügung stünden?

Auch letzteres ist eine Möglichkeit – und nicht die schlechteste. An der viel beklagten Predigtmüdigkeit und Lethargie der Gemeinden sind nicht zuletzt jene übereifrigen Pfarrer schuld, die ihre Leute wie hungrige Kinder ständig mit einem Überangebot an gemeindlichen Aktivitäten verwöhnen. Verwöhnte Kinder können ihren gesunden Willen zu selbständiger Aktivität und ihr Bedürfnis nach Freiheit und Ernst-genommen-Werden oft nur noch durch ständiges Nörgeln und Kritisieren zum Ausdruck bringen; später werden sie depressiv, abhängig, passiv und gleichgültig. Daraus ergibt sich die homiletische Frage: Wie kann eine Predigt so gestaltet werden, daß sie ihren Hörern die eigene Arbeit nicht erspart, sondern sie gerade dazu anregt? Lektoren- und Klingelbeuteldienste durch sogenannte Laien sind darauf keine ausreichende Antwort! Es geht nicht nur darum, Althergebrachtes mit Hilfe der Gemeinde aufrechtzuerhalten, sondern die Gemeinde anzuleiten, die Forderungen des heutigen Tages zu entdecken, zu artikulieren und in entsprechende Formen des Gemeindelebens umzusetzen. Dieser mühsamen erwachsenenpädagogischen Aufgabe nicht durch vorzeitiges „Füttern" mit fleißig reproduzierter Konvention zu entfliehen, ist eine schwierige Anforderung an den heutigen Prediger wie an seine vorgesetzten Behörden.

Eine der entscheidenden Fragen an moderne Predigt und darüber hinaus an Konzepte des Gemeindeaufbaus besteht darin, wie eine Gemeinde darin angeleitet und gefördert werden kann, ihre eigenen, individuellen und nicht unbedingt nur den Schemata der Tradition entsprechenden Ausdrucksformen für ihren Glauben zu entdecken und zu entwickeln. Dies macht einen veränderten Umgang mit der Angst vor dem Risiko beim Pfarrer, bei der Gemeinde und last not least bei Kirchenleitungen nötig. Er dürfte sich da quasi von selbst einstellen, wo mit der verkündigten Gnade Gottes im Alltagsverhalten ernst gemacht wird. Zum Beispiel muß ein Prediger die Frustrationen auszuhalten lernen, die sich daraus ergeben, daß er seine „Laien" aktiv werden läßt, daß diese manche Fehlprojekte starten, theologische „Irrlehren" vertreten und vielleicht überhaupt nur langsam die Mühen der Selbständigkeit und der Partnerschaft mit ihrem Pfarrer auf sich zu nehmen beginnen.

Für den Prediger bedeutet dieser Dienst Einsamkeit: Als Anwalt gottgewollter Mündigkeit ist er verpflichtet, seine Gemeindeglieder zu Selbständigkeit anzuhalten, als auf Gemeinschaft angewiesenes Gemeindeglied möchte er seine Brüder und Schwestern nicht verlieren und lieber durch Abhängigkeit an sich binden. Er spricht als Gemeindeglied im Namen Gottes und er spricht als Gemeindeglied im Namen der Gemeinde, er spricht für sie und er spricht als ihr Gegenüber, er ist einer von ihnen und doch durch seine Aufgabe (Amt, Funktion) von ihnen unterschieden.

Wie gehen Sie mit dieser inneren Spannung um? Identifizieren Sie sich stärker mit der Autorität Gottes oder mit der Hilflosigkeit der Gemeinde? Oder wählen Sie die dritte Möglichkeit: die Identifikation mit der Institution Kirche, ihren Gesetzen, Verordnungen, Behörden und Funktionären? Auch die dritte Möglichkeit befreit von der Einsamkeit. Die Frage bleibt, welche dieser Möglichkeiten am ehesten der verkündigten Botschaft entspricht.

2.4. *Die Sache der Predigt*

An dieser Stelle ist weiter nachzudenken über die Sache der Predigt und die Sachgemäßheit predigender Verkündigung. Die Sache der Predigt ist das Evangelium. Es wird durch Begriffe aus dem zwischenmenschlichen Umgang veranschaulicht: Liebe, Freiheit, Wahrheit, aber auch *neue* Gerechtigkeit, Begnadigung, Vergebung, Hoffnung und Vertrauen. Der gesamte Glaube der Kirche läßt sich auf den Nenner bringen: „Gott hat nicht Lust am Tode des Sünders, sondern daß der Sünder sich bekehre und lebe!" (Nach Hes 18,23 u. 33,11.) Die Sache der Predigt ist unser Glaube an einen Gott, der *Leben* will, Leben mehrt und Leben über den Tod siegen läßt. Eine Predigt ist dann sachgemäß, wenn sie diesen *Gott des Lebens* bezeugt, der Gemeinde Mut zum Leben macht und die Urangst vor dem Tod mindert. Das schließt die Übernahme von Verantwortung ein, denn der Hörer soll aus seinem Aberglauben an den Zustand des Opfer-Seins herausgeholt und zum Glauben an die Möglichkeit geführt werden, sein Leben aktiv zu gestalten. Manch einer zieht den Aberglauben an seine Unmündigkeit aber aktiver Verantwortung vor, denn die Freiheit befreit auch zur Sünde, zum Irrtum und zur Zuständigkeit. Vergebung als Zentralaussage der Predigt kann niemals heißen: Entlastung durch Entmündigung, sondern sie bedeutet Entlastung für diejenigen, die dazu stehen, daß sie selber zuständig sind, Verantwortung tragen und ihre Freiheit nicht ohne Sünde wahrzunehmen vermögen. In diesem Sinne verbindet sachgemäße Predigt Evangelium und Gesetz, Vergebung und Verantwortung. Mit moralischen Appellen hat dies jedoch nichts zu tun. Die Sache der Predigt laßt sich zusammenfassen mit Hos 6,6: „Ich habe Lust an der Liebe und nicht am Opfer", spricht der Herr.

2.5. *Zur Hermeneutik*

Um die Sache der Predigt klar bestimmen zu können, genügt es nicht, sich einfach auf Schrift und Bekenntnis, Bibel und kirchliche Tradition zu berufen. Die Bibel enthält mancherlei Erfahrungen in sehr verschiedenen konkreten geschichtlichen Situationen, sie enthält mancherlei Bekenntnisse, Widersprüche alle Art und sehr verschiedene Theologien. Sie sind nicht ohne weiteres von ihrem Sitz im Leben abstrahierbar, und der Prediger kann sich auch nicht ohne Schwierigkeiten in die Situation hineinversetzen, aus der der Text stammt. Um die Bibel sinnvoll lesen und auslegen zu können, bedarf es eines Kanons im Kanon, eines klaren Credo des Predigers. Es kann sich mit Hilfe der kirchlichen Dogmatik und ihrer Bekenntnisaussagen entwickeln und artikulieren, aber es wird schwerlich authentisch sein, wenn es eine schlichte Reproduktion des amtlichen Konsensus der Kirche darstellt. Wie bringe ich die Sache der Predigt, das Bekenntnis der Kirche und meine persönliche Überzeugung auf einen Nenner? Wie verkündige ich die christliche Wahrheit wahrhaftig? Der zwanghafte Ehrlichkeitsfimmel, jedes Wort müsse von persönlicher Erfahrung des Predigers gedeckt sein, führt ebenso in unbiblische Skrupulosität wie verantwortungsloses Funktionärstum. Der gnädige Gott gibt mir den Konsensus der Kirche als Hilfe, damit ich mich nicht als sagenhafter Atlas an der Last der Welt überhebe, aber er gibt ihn mir nicht als Versteck, um die eigene Position zu verheimlichen. Sein Wort bedient sich meines Wortes, und zwar von vornherein inklusive dessen Defizienz. Das bedeutet *Inkarnation*. Aber ich bin nicht Gott und brauche Ihn nicht zu verantworten. Es genügt, wenn ich mich selber – und als Prediger meinen eigenen menschlichen Anteil an der Predigt – verantworte. An keiner Stelle der Predigtreflexion wie des praktischen Predigens will ich Gottes *Gnade* als *Voraussetzung* meines homiletischen Handelns vergessen. Auch die Predigt ist kein Werk, durch das Gottes Gnade erst erarbeitet, bewiesen, herbeigezaubert und dingfest gemacht werden müßte. Dies ist mein Kanon im Kanon.

2.6. *Exkurs: Predigt und Politik*

Eine unpolitische Predigt gibt es nicht. Das Evangelium betrifft alle Bereiche unserer Welt, also auch die der öffentlichen Organisation unseres Zusammenlebens. Aber nicht jede konkrete Situation, in die der Prediger seine Botschaft zu einem ganz bestimmten historischen Zeitpunkt hineinstellt, macht explizite politische Stellungnahmen erforderlich. Es kann auch nicht angehen, daß Prediger eine bestimmte politische Parteimeinung als einzig mögliche Konsequenz aus dem Evangelium darstellen und ihren Hörern die eigene Entscheidung abnehmen.

Politisches Handeln als Aspekt christlicher Ethik ist unvermeidbar. Auch politische Abstinenz stellt eine ethische Entscheidung dar und muß vom einzelnen verantwortet werden. Aber das Evangelium ist nicht mit Ethik und schon gar nicht mit einer bestimmten Ethik identisch. Die Freiheit, die sich aus der Verkündigung der Vergebung ergibt, erfordert auch eine Predigt, die ihre Hörer freiläßt. Wenn also im Rahmen eines bestimmten Gedankengangs politische Folgerungen auftauchen, so sollen sie deutlich zu Worte kommen, aber als situationsbezogene und vom Prediger persönlich verantwortete Position erkennbar sein, für oder gegen die sich der Hörer entscheiden kann und die ihn zu eigener Stellungnahme ermutigt. Zu warnen ist hierbei vor politischen Stellungnahmen, die sich der großen Weltpolitik zuwenden, aber der kleinen Lokalpolitik, die die Hörer viel direkter angeht, damit ausweichen. Dies gilt zur Zeit oft von Dritte-Welt-Themen, aber überhaupt von außenpolitischen Fragen, die nur dann mit Recht angegangen werden, wenn der Prediger sie nicht zur Vermeidung der aktuellen Konflikte in der eigenen Gemeinde benützt und wenn die Ablenkung der Aufmerksamkeit der Hörer in weite – wenngleich schreckliche – Fernen nicht der Abwehr der Wahrnehmung der eigenen Misere dient.

Die Artikulation der politischen Dimension des Evangeliums, wo konkrete Konsequenzen für den Alltag daraus gezogen werden, verführt leicht zu einer moralistischen und appellativen ethischen Paränese. Davor kann im Interesse der Freiheit und Mündigkeit der Gemeinde, die von Gottes unmittelbarer und bedingungsloser Gnade lebt, nicht genug gewarnt werden. Es wäre jedoch falsch, daraus die Folgerung zu ziehen, Predigten sollten grundsätzlich unpolitisch, individualistisch, erbaulich und quasi privatisierend sein. Religion ist eben nicht „Privatsache", und jedes einzelne Gemeindeglied lebt als Christ nicht nur in der christlichen, sondern ebenso – ja gerade das macht sein Christsein sinnvoll – in der politischen Gemeinde, innerhalb einer pluralistischen Gesellschaft und in einem wie auch immer demokratischen Staat. Indem die Kirche Ort und Versammlung derer ist, die aus der Vergebung leben, befreit sie ihre Glieder zu mündiger Mitverantwortung des Gemeinwohls und zu verantwortlichem Gebrauch der Vernunft. Welche Ergebnisse diese Vernunft zeitigt, ist inhaltlich nicht primär Aufgabe der Kirche, sondern der Kooperation von Menschen in dieser Welt.

Christen sollten aufgrund ihres Glaubens, den sie in der Kirche empfangen, stärken und einüben als freie, mutige und kreative Bürger vernünftige Beiträge zum öffentlichen Leben leisten können. Es ist aber ein Mißbrauch kirchlicher Autorität und predigender Verkündigung, politische Direktiven gleichsam von der Kanzel an unmündige Gemeindefunktionäre auszugeben, damit sie diese in die Welt hinaustragen. Aufgabe der Predigt, auch und gerade da, wo sie politisch konkret wird, bleibt die Verkündigung der Gnade Gottes, die den Menschen als Menschen freisetzt, um realitätsbezogen und vernunftgemäß, tabufrei und mit Mut zum Risiko neuer Wege diese Welt verantwortlich mitzugestalten.

3. Predigt praktisch

3.1. Predigt als Rede

Predigt dient der Verkündigung der Freiheit der Kinder Gottes (Röm 8,21). Sie tut dies im Unterschied zu Seelsorge und Unterricht in Gestalt der Ansprache. Alle diese drei klassischen Formen kirchlicher Praxis sind Weisen lebendiger Kommunikation, können intensiv vorbereitet und geplant werden (Manuskripte), sind aber letztlich nur als echte Beziehungsaufnahme sinnvoll. Ähnlich wie ein Schauspieler seine Rolle peinlich genau beherrschen muß und keineswegs inhaltlich abändern darf, dennoch aber in actu diese Rolle aus dem Fundus seiner Persönlichkeit heraus lebendig gestalten und in echten Kontakt mit seinem Publikum treten muß, ähnlich auch wie die Interpreten großer Werke der Musik peinlich genau ihre Noten kennen und wiedergeben, dennoch aber daraus ein persönliches Zeugnis werden lassen, ist auch der Prediger gehalten, sein Credo-gemäßes Manuskript zu einer lebendigen Anrede zu machen.

Eine Predigt ist echte Rede und keine Vorlesung. Eine Predigt ist echtes Bekenntnis und keine Reproduktion toter Theologie. Eine Predigt ist echte Kommunikation und keine Deklamation rechtgläubiger Formeln. Eine Predigt ist Angriff auf den Hörer und nicht Rückzugsgefecht.

Als Ansprache unterliegt die Predigt auch den Regeln der Rhetorik und den mit der Schöpfung vorgegebenen Gesetzmäßigkeiten der Kommunikation. Sie kann methodisch geübt, ausgeführt, kritisiert und analysiert werden. Als Menschenwort ist sie auch Menschenwerk und insofern den Human- bzw. Sozialwissenschaften zugänglich.

3.2. Methodische Konsequenzen

Eine Predigt ist daher grundsätzlich auswendig vorzutragen. Das Manuskript (s.u.) hat seine Funktion als Rechenschaftsbericht über eine solide Vorbereitung und auf der Kanzel allenfalls als Gedächtnisstütze.

Zu den wichtigsten *rhetorischen Regeln* gehören:

- Kein Papier zwischen dich und deine Hörer!
- Was du selbst verstanden hast und was dir persönlich wichtig ist, kannst du auch auswendig vortragen.
- Was du dir nicht merken kannst, stimmt nicht.
- Was du verstanden hast, kannst du auch verständlich weitersagen.
- Formuliere einfach, vermeide Fremdwörter und sprich in kurzen Sätzen!
- Sprich in dynamischen Prozessen statt in Begriffen (in verbalem statt substantivischem Stil)!
- Sprich die Hörer direkt an, behalte lockeren Blickkontakt vor allem mit den entferntesten und rufe ihnen zu, was dir wichtig ist, sei also Sender und meditiere nicht einsam vor dich hin.
- Als Kontrolle dafür, ob du wirklich Botschafter bist, dient der Verzicht auf das Mikrophon: *Jede* gesunde menschliche Stimme vermag eine durchschnittlich große Kirche mühelos zu füllen, wenn sie nicht durch Ängste, Hemmungen und psychische Blockierungen aller Art daran gehindert wird.
- Wichtiger als Lautstärke ist dabei eine klare Aussprache: Diese stellt sich dann ein, wenn mir innerlich klar ist, was ich sagen will und wozu ich stehe. Eine undeutliche Aussprache ergibt sich aus einem Mangel an Mut, sich selber deutlich zu erklären und zur angeblichen Sache der Predigt auch zu stehen.
- Sprich langsam! Es eilt nicht. Laß' dich niemals unter Zeitdruck setzen. Kürze lieber dein Predigtmanuskript und verzichte auf interessante Seitengedanken (sie eignen sich vielleicht für eine andere Predigt als Hauptgedanken).
- Übe einen der jeweiligen Sachaussage angemessenen stimmlichen Ausdruck durch Wechsel der Lautstärke, deutliche Tonhöhenverschiebung je nachdem, ob es sich z.B. um Frage- oder Aussagesätze, Haupt- oder Nebenbemerkungen usw. handelt.
- Sprich, wie du einen engagierten Bericht im kleinen Kreise der Freunde geben würdest, nur mit einem Unterschied: mit – für dich

vielleicht subjektiv merkwürdig übertrieben erscheinender – betonter und ganz bewußt gestalteter sprachlicher Differenzierung!

– Sprich ehrlich und vermeide Kompensationen, die deiner tatsächlichen Stimmung nicht entsprechen (z. B. betonte Freude, während dir hundselend ist, oder Brustton der Überzeugung, wo du zweifelst).

3.3. Inhaltliche Gestaltung

Die rhetorische ist natürlich nicht unabhängig von der inhaltlichen Gestaltung der Predigt. Darüber ist unendlich viel gesagt und geschrieben worden. Nur wenige Grundsätze sollen hier wiedergegeben werden.

3.3.1. Zielbestimmung

Die Predigt muß ein klares inhaltliches *Ziel* haben. Was soll zur Sprache kommen? In welchem Sachzusammenhang steht es? Wieso rede ich davon gerade jetzt, in dieser Zeit des Kirchenjahres, an diesem Sonntag, in dieser Situation der Gemeinde? Welche Absicht verfolge ich? Welche Ursache und welchen Anlaß (Motivation) hat diese Zielsetzung? Was davon liegt mehr in mir selber, was außerhalb meiner eigenen Person und meiner jetzigen Lage begründet? Erscheint mir diese Zielsetzung als von außen – etwa durch die Ordnung der Predigttexte oder durch die Zeit des Kirchenjahres – aufoktroyiert und widerstrebt mir im Grunde? Was will ich tun, um ein Predigtziel zu finden, mit dem ich mich identifizieren kann, ohne das gemeinsame Interesse der Gemeinde, ja der Christenheit durch meine Willkür zu mißachten?

Es gibt einen theologischen und institutionellen Rahmen, in dem ich predige, und die Gemeinde hat ein Recht darauf, daß ich mich an den durch Schrift und Bekenntnis fundierten Grundkontrakt, der auch für die Predigtarbeit gilt, halte. Dieser Grundkontrakt impliziert aber auch Authentizität und Wahrhaftigkeit des Predigers. Damit ist in gewisser Hinsicht der *innere Konflikt* des Predigers bei der Predigtvorbereitung vorprogrammiert. Wie sieht er in diesem konkreten Falle aus und wie kann er als Kraftquelle (Spannungsgefälle) für Zielbestimmung und Ausarbeitung der Predigt genutzt werden?

Das Predigtziel soll niedrig, nicht primitiv angesetzt sein. Das heißt, es soll realistisch, erreichbar und sachgemäß erscheinen. In der Regel reicht dafür *ein* präzise ausformulierter Hauptgedanke völlig aus. Beispiele solcher Zielbestimmungen: „Ich will der Gemeinde vermitteln, daß ich an ein ewiges Leben glaube und welche Lebenshilfe ich im Alltag daraus empfange." „Ich will der Gemeinde vermitteln, daß die Bibel keine ein für allemal gültigen Lebensregeln anbietet und daß jedem einzelnen Christen deshalb täglich neue Entscheidungen zugemutet werden." „Ich will der Gemeinde vermitteln, daß ich keine Antwort auf ihre Fragen habe, sondern daß Glauben für mich heißt, mit Unsicherheit zu leben und von Fall zu Fall solidarisch nach verantwortbaren Lösungen zu suchen." „Ich will der Gemeinde vermitteln, daß Jesus auch heute jedem beisteht, der ihn darum bittet."

Die erste und letzte Zielformulierung gehören einer anderen Predigtgattung zu als die beiden mittleren: Einmal handelt es sich um die gängige Form der Weisungs-Predigt, das andere Mal um die der Impuls-Predigt. Zielsetzung und Predigtform hängen also zusammen.

3.3.2. *Wege zur Verwirklichung*

Die Zielbestimmung zieht ganz bestimmte methodische *Wege zur Verwirklichung* des Ziels nach sich. Welchen Weg zum Ziel will ich einschlagen? Welche Predigtform (s.u.) wähle ich? Welche Bibel-Perikope – wenn diese nicht als OP-Text das Ziel bestimmt hat – eignet sich? Welche Beispiele aus der Alltagserfahrung stehen mir vor Augen und – das ist keineswegs selbstverständlich und immer sinnvoll! – sollen sie mitgeteilt werden? Gibt es Predigtmodelle, sogenannte Meditationen u.ä. für mein Ziel, mein Thema, meinen Text? Welche *Begegnungen mit anderen Menschen* haben mein Ziel angeregt bzw. fallen mir angesichts des Ziels ein?

Da es um lebendigen Austausch zwischen Menschen gehen soll, halte ich diese letzte Frage für besonders wichtig: Was ich predige, muß irgend etwas mit meinen Beziehungen zu anderen Menschen zu tun haben. Läßt sich diesbezüglich nichts Wichtiges entdecken, stellt sich die kritische Frage nach der Relevanz meiner homiletischen Erwägungen: Bin ich auf dem Holzweg? Betrifft das, was ich überlege, niemanden persönlich?

Wer sind eigentlich meine tatsächlichen Gesprächspartner: Theologieprofessoren als papierene Gedankengäste (Verfasser von Kommentaren, Dogmatiken, Predigthilfen usw.); Kollegen, die mich ermutigen oder ängstigen; Gemeindeglieder; Familienangehörige; Freunde und Feinde welcher Art, Bildungsschicht, Problemlage; Zeitungen; Romanhelden oder -verfasser? Habe ich überhaupt echte Gesprächspartner oder treffe ich immer wieder nur auf mich selbst – bestätigend, kritisierend, verteidigend? Übrigens: Machen Sie sich nicht allzu viel daraus, wenn Sie entdecken, daß Sie in der Tat allenthalben sich selbst begegnen. Sie sind schon ziemlich fortgeschritten, wenn Sie sich so etwas einzugestehen wagen. Freilich, Kontakt ist mehr, Partnerschaft mit anderen und Andersdenkenden – wie sie auch die Predigt intendiert – ist mehr. Aber sie ereignet sich kaum ohne den schmerzlichen Umweg über die Einsamkeit.

3.3.3. Gruppenarbeit

Damit die Predigtarbeit aber über die notwendige Einsamkeit des Predigers hinauskommt und umgekehrt diese auch wiederum schöpferisch anregt, wird die Arbeit der Predigtvor- und -nachbereitung in der Stille der Studierstube ergänzt durch *Gruppenarbeit*. Der *Predigt-Arbeitskreis* ermöglicht regelmäßige gemeinsame Arbeit an theologischen Themen, Bibeltexten und dergleichen mehr unter klaren Zielsetzungen, einer die Motivation zur Mitarbeit und Mitverantwortung fördernden praktischen Aufgabe, deren Lösung noch dazu nachher kritisch beobachtet und mit Spannung aus der Hörerperspektive verfolgt werden kann. Dabei sind papierene Gesprächspartner keineswegs immer auszuschließen, im Gegenteil: Geeignete Mitglieder dieses Arbeitskreises können Kommentare lesen und referieren, andere Sachinformationen zum Thema besorgen, literarische Beispiele einbringen usw. Auch die immer noch blühende Gattung der Predigthilfen kann von nichttheologischen Gesprächspartnern kritisch auf ihre Brauchbarkeit für das gemeinsame Ziel hin geprüft und referiert werden. Ähnliches gilt für Predigtbände alter und neuerer Autoren – wobei Luthers Predigten mir persönlich an Sachlichkeit und Konkretion immer noch mehr Anregungen vermitteln als viele andere, auch moderne, Predigtsammlungen.

Entscheidend bei dieser Art der Gruppenarbeit scheint mir, daß der Pfarrer seine Partner ernst nimmt, ihnen homiletische und geistliche Kompetenz zutraut, sich selber aber von der Rolle des ewig fütternden, für seine Kinder verantwortlichen und letzlich doch allein gebenden Vaters dispensieren kann. Nicht irgendein theologisches, kirchenpolitisches oder humanistisches Soll darf diese Arbeit bestimmen, sondern die gemeinsame Suche nach ehrlichem und zutreffendem Ausdruck des *eigenen* Glaubens in der *eigenen* Situation. Jede noch so einfache, ja primitive und ungekonnte Predigt, die echt ist und zur Sprache bringt, was hier und jetzt tatsächlich *ist*, wird dem Evangelium gerechter als eine brillante, aber nach allerlei idealen Soll-Vorschriften konstruierte, gebildete und doch der konkreten Situation hier und jetzt ganz ferne Muster-Ansprache.

Weil die Verwendung allzu vieler Hilfsmittel zu dieser Art von Unredlichkeit und Hochstapelei verführen kann, halte ich einen häufigen Gebrauch von Predigthilfen eher für schädlich als für eine echte Hilfe. Er schraubt die Soll-Vorstellungen hoch, schränkt die Spontaneität ein und lähmt die eigene Kreativität. Ich halte daher auch nichts von Ideenkarteien, Beispielsammlungen, die der Erfahrung fremder Leute entstammen, und allerlei Werbetricks, die den Mangel an eigener Aussage und an *Mut zur bescheidenen Authentizität* sensationell überdekken sollen.

3.3.4. Predigtformen

Ist der Predigtgedanke gefunden und klar im Blickfeld, sind Impulse und Einfälle für die Ausgestaltung dieses Gedankens vorhanden, so muß die geeignete *Form der Predigt* gefunden werden. Einige wichtige Predigtformen seien im folgenden als Anregung und Ermutigung genannt:

Jede Predigt ist stellvertretender *und* eigener *Ausdruck, Verständigung, Impuls, Frage* und *Antworthilfe*. Nach ihrer *theologischen Intention* unterscheiden wir z.B. die doxologische (Lobpreis), die katechetische (Belehrung), die anamnestische (Credo) und die klagende (Notschrei) Predigt.

Wir kennen ferner:

– *Die Textpredigt*: Dazu zählen die thematisch gegliederte Perikopenpredigt gemäß den Kirchenjahreszeiten, die Predigt über einen frei gewählten Bibeltext und die Predigt über einen nichtbiblischen – systematisch-theologisch zuzuordnenden und zu begründenden – Text (z.B. aus der Literatur). Texte lassen sich Satz für Satz bzw. Vers für Vers auslegen (sog. Homilie), man kann sie aber auch unter Sachgesichtspunkten neu gliedern, ihre Hauptaussagen ordnen und so zu einer textgebundenen Themapredigt werden lassen. Zur Textpredigt gehören auch Auslegungen von Losungsworten, Wochen- und Monatssprüchen. Ständige beliebige Textwahl empfiehlt sich nicht, denn sie verführt zum Ausblenden als schwierig empfundener Texte und Themen, in dessen Gefolge theologische Einseitigkeit, ja Monotonie, Phantasielosigkeit und Sich-leer-Predigen zu beobachten sind. Außerdem sind die Perikopenreihen so konzipiert, daß sie das Predigen über theologische

Sachzusammenhänge während eines längeren Zeitraums und im Laufe der Zeit ein Bekanntwerden der Hörerschaft mit der Vielfalt biblischer Aussagen ermöglichen.

– *Die Katechismuspredigt:* Indem die Gemeinde immer wieder mit Konsensusformulierungen der Kirche konfrontiert wird – dazu zählen auch die Confessio Augustana oder die Barmer Erklärung und andere Konsensustexte (z.B. die Leuenberger Konkordie) –, erhält sie die Möglichkeit, sich besser über das Bekenntnis (das „Parteiprogramm") zu informieren, das die Grundlage ihrer Existenz bildet. Die Ahnungslosigkeit vieler, auch aktiver, Gemeindeglieder an diese Stelle ist erschreckend. Es genügt nicht, daß Christen nur im Konfirmandenalter mit seinem noch äußerst begrenzten Erfahrungshorizont mit den theologischen Grundlagen ihrer Konfession vertraut gemacht werden. In diesen Zusammenhang gehören auch Predigten über päpstliche Enzykliken, andere kirchenamtliche Verlautbarungen aller Art, über Abschnitte der kirchlichen Lebensordnung und dergleichen mehr.

– *Die dogmatische Predigt:* Auch über die wichtigsten Lehraussagen der Kirche, damit zusammenhängende hohe Feiertage und über strittige Punkte christlicher Theologie kann gepredigt werden (z.B. Schöpfung, Erlösung, Inkarnation, Theologia crucis und Theologia gloriae, Eschatologie). Dabei sind theologische Patentantworten zugunsten die theologische Eigenaktivität und Verantwortlichkeit der Hörer anregender Impulse, die verschiedene Denkmöglichkeiten und ihre Folgen für die Lebenspraxis aufzeigen, zu vermeiden. Zu vermeiden ist auch die überall lauernde Ethisierung des Evangeliums.

Die Auseinandersetzung mit Ergebnissen moderner Wissenschaft hat in solchen Predigten ihren legitimen Platz.

– *Die Predigt über liturgische Stücke:* Die Liturgie wird für viele Gemeindeglieder immer mehr ein Buch mit sieben Siegeln. Die Pfarrer selbst sind davon nicht ausgenommen. Die Predigt über den Lobpreis des Hallelujah, die Huldigung des Kyrie oder auch über den Aufbau des Gottesdienstes vermag Licht in das Dunkel zu bringen. Eine Predigt über die konzentrischen Kreise des sog. großen Fürbittengebets wird eine ausgesprochen soziale Thematik haben und um die politische Dimension schwerlich herumkommen. Sie könnte in der Konsequenz nicht nur ein aufmerksameres Verfolgen dieses Gebetes durch die Hörer, sondern auch deren Mitarbeit an Neuformulierungen und bei sozialen Aktionen zeitigen. In diesen Zusammenhang gehört auch die Möglichkeit, über liturgische Gegenstände im Kirchenraum, Altäre und ihre Bilder, Glasfenster, Heiligenfiguren, Taufstein und Kanzel etc. zu predigen.

Immer wieder wird das Kruzifix als konkrete, künstlerische Gestalt gewordene theologische Aussage ins Zentrum der Predigt rücken. Auch über die Sakramente sollte gepredigt werden.

– *Bildmeditationen*, etwa anhand von Lichtbildern oder Posters, stellen eine heute beliebte Bereicherung der Verkündigung dar. Dabei ist stets zu beachten, daß ein Mangel an gedanklichem Tiefgang und geistiger Arbeit nicht durch ein Mehr an verschiedenen Gegenständen und Bildern aufgewogen werden kann. Eine gute Bildmeditation beschränkt sich wie jede gute Predigt auf ein bis zwei Hauptgedanken und auf ein bis zwei (!) Bilder. Nicht Zerstreuung und Ablenkung, sondern Konzentration, Ruhe und mutige Konfrontation mit dem, was uns unmittelbar angeht, sind das Ziel der Predigt. Gemeinschaft angesichts des Kreuzes ist grundsätzlich etwas anderes als der Besuch eines Zirkus oder das Betrachten eines televisionären Tohuwabohu.

– Last not least sei die *Themapredigt* genannt: Es ist nicht nur legitim, sondern auch sinnvoll, von Zeit zu Zeit über aktuelle Sachprobleme zu predigen, ohne daß es dazu einen unmittelbaren Anlaß im Verlauf des Kirchenjahres oder in der Perikopenreihe, die gerade behandelt wird, gäbe. Der Credo-Konsensus der Kirche bildet das Interpretament der ganzen Weltwirklichkeit heute, wie und soweit wir sie wahrnehmen und gestalten, mit Angst, Freude und Verantwortung. Human- und Sozialwissenschaften werden uns bei solchen Predigten besonders gute Dienste tun. Themenbeispiele: „Der Christ und das Geld", „Wo die Toleranz aufhört", „Wir Christen als Objekte und Subjekte unserer Gesellschaft", „Führen und Freilassen in der Erziehung".

Selbstverständlich muß das Thema nicht unbedingt von einem Problem dieser Art her bestimmt werden, es kann ebenso durch eine theologische Grundaussage o.a. Impulse vorgegeben sein (vgl. o. zur Katechismus- und dogmatischen Predigt).

Predigtformen können auch nach dem *Kommunikationsstil* unterschieden werden, z.B. als

- monologische Ansprache (übliche Form),
- Dialogpredigt (eine echte Dialogpredigt ist mehr als eine in verteilten Rollen fortlaufend vorgetragene Ansprache, sie besteht zumindest aus Rede und *Gegen*rede, enthält Fragen und Behauptungen etc.),
- Predigt als Rundgespräch (etwa nach dem Modell der themenzentrierten Interaktion in Gruppen von nicht über 25 Teilnehmern),

- Monolog mit Unterbrechung durch zeitlich begrenzte Kleingruppen-Gesprächseinheiten zu Unterthemen,
- Ansprache mit der Möglichkeit zu Zwischenfragen, kurzen Beiträgen und dergleichen durch die Hörer,
- Anspiele mit folgender Erläuterung oder Diskussion.

Bei allen der Gemeinde nicht sehr vertrauten Predigtformen sind vorher die „Spielregeln" deutlich und allgemeinverständlich zu erklären, ja womöglich zunächst einmal (außerhalb des Gottesdienstes?) einzuüben, damit das Vergnügen und der Sinn der Sache nicht in technischen Schwierigkeiten untergehen. Vor allem:

- Verwenden Sie niemals neue Predigtformen, wenn Sie nicht selbst im Umgang damit sicher sind, Freude daran haben und ganz dahinter stehen. Es ist kein ausreichender Grund, neue Formen zu versuchen, weil man modern sein und mehr Hörer gewinnen möchte.
- Überprüfen Sie stets das *Verhältnis von Sachziel und Form* der Predigt.

3.3.5. Technische Medien

Einen Sonderfall stellen in der Gemeindepraxis Predigten unter Zuhilfenahme von technischen Medien dar:

Die Bildmeditation anhand von Diapositiven u.ä. wurde bereits genannt. Es können aber auch ganze vorgefertigte Tonbild-Schau-Serien eingesetzt werden.

Tonbänder mit Aufnahmen von guten für die Erhellung des Themas besonders geeigneten Texten, Ausschnitten aus Dramen, Wiedergaben von Predigten berühmter Prediger, Ausschnitten aus Oratorien, Kantaten oder auch Opern, mit geistlichen und weltlichen Schlagern werden gelegentlich verwendet. Sie sollten aber niemals die lebendige Kommunikation von Mensch zu Mensch und vom Prediger zur Gemeinde ersetzen! Ihre Funktion ist die Anregung des Gesprächs, die Veranschaulichung eines Gedankens, die Verlebendigung der Kommunikation durch Abwechslung.

Ähnliches gilt vom Einsatz von Videorecordern und Monitoren, etwa indem gute Fernsehsendungen als Anspiele wiedergegeben werden. Angesichts technischer Medien neigt der Mensch zu Passivität und zu verantwortungslosem Beobachten. Chronisch Fernseh-Süchtige zeigen oft auch in der Realität des zwischenmenschlichen Alltags ein distanziertes Beobachterverhalten, das durch nichts mehr erschüttert und persönlich betroffen werden kann. Sie selbst kommen nur noch als Zuschauer vor. Moralische Ermahnungen richten gegen diesen Seelenzustand nichts aus, im Gegenteil: sie fördern ihn, weil sie Schuldgefühle erzeugen, gegen die sich der Mensch wehrt – in gewissen Fällen der Anklage durch die Kirche zurecht.

Wenn Verkündigung Hilfe zur Überwindung der Entfremdung bieten will, wird sie daher gerade beim Einsatz technischer Medien – auch das leider schon zur Selbstverständlichkeit gewordene Mikrophon gehört dazu – äußerste Vorsicht und genaue Überlegung walten lassen.

Zum Glauben gehört wesenhaft *Phantasie*. Durch die heute mögliche Überflutung von äußeren Eindrücken wird sie krank, schwach und ins Unbewußte abgedrängt. Dem entgegenzuwirken werden in zunehmendem Maße *kreative Techniken* auch in die Gemeindepraxis eingeführt: Gestalten mit Ton, Holz, Papier und Farbe, Musikimprovisation mit Orff-Instrumenten o. ä., freier Tanz zu meditativer Musik usw. In wohlbemessenen Grenzen können solche phantasiefördernden Möglichkeiten auch in die gottesdienstliche Predigtarbeit einbezogen werden. Solche Dinge sind gleichzeitig in Kleinkreisen der Gemeinde zu erproben, dem Presbyterium (Kirchenvorstand, Gemeinderat) zu erläutern und in *gemeinsamer* Aktion nach Absprache mit allen Zuständigen (Kantor, Küster, Lehrer u. a.) behutsam und doch ohne Zimperlichkeit durchzuführen.

3.3.6. Aufbau und Gliederung der Predigt

Sind Ziel und Form der Predigt gefunden, ist die Form auszugestalten. Bei der üblichen Form der Predigt als Ansprache gehört dazu die *Predigtgliederung*. Sie dient zunächst der Orientierung des Predigers am Predigtziel, indem sie Denk- und Arbeitsschritte formuliert. Sie dient damit zugleich der Orientierung des Predigers an seiner Hörerschaft, denn diese ist darauf angewiesen, daß die Ansprache verständlich, in ihrer Abfolge von Aussagen übersichtlich und nachvollziehbar und in ihrer Sach- und Zielbezogenheit erkennbar ist. Sie dient schließlich dem Prediger selbst als Orientierung in der Vielfalt seiner eigenen Fragen, Einfälle, Interessen und Absichten. Eine klare Gliederung ermöglicht klare Aussagen. Unklarheiten in der Gliederung weisen auf Unklarheiten in Zielsetzung und Abklärung der beabsichtigten Aussagen hin. Eine klare Gliederung ermöglicht außerdem die freie Rede. Läßt sich eine Gliederung nicht leicht auswendig merken, stimmt etwas nicht in der Beziehung zwischen dem Prediger und seinen beabsichtigten Aussagen. Entweder will er zuviel sagen oder er hat nicht verstanden, was er sagen will. Vielleicht hat er sich zu stark an dem ausgerichtet, was seiner Meinung nach gesagt werden *sollte*, statt an dem, was ihm selber wichtig ist. Spätestens wenn es ihm nicht gelingt, sich seine Gliederung zu merken, sollte er daher nicht nur seine *Formulierung* und die Menge seiner *Gedanken* überprüfen, sondern vor allem seine theologischen Aussagen und seine dabei auftretenden *Gefühle* (Ärger, Freude, Angst usw.). Welche *Personen* kommen mir bei bestimmten Stellen meines Predigtentwurfs in den Sinn und wie ist mein Verhältnis zu ihnen?

Die einfachste Predigtgliederung besteht aus Einleitung, Hauptteil und Schluß. Es ist ganz und gar nicht gleichgültig, was in jedem dieser Teile gesagt wird und welchen Stellenwert es damit erhält.

Die Funktion der *Einleitung* ist in jedem Falle die der Hinführung zu den im Hauptteil verhandelten Fragen. Es genügt nicht, sie als plakativen Blickfang für die Hörer zu gestalten, der im übrigen mit der Sache der Predigt wenig zu tun hat. Deshalb ist eine nüchterne Einleitung, die Predigtziel, Predigtgliederung und eine Abgrenzung gegen damit zusammenhängende, diesmal aber nicht zu verhandelnde Probleme bringt, einer spannenden Einleitung vorzuziehen, deren weltpolitische oder literarische Perspektiven durch die folgenden Teile der Predigt weder in der Sache noch im formalen Niveau aufgenommen und erreicht werden können. Die Einleitung soll die Konzentration und Aufmerksamkeit der Hörer fördern, ihnen das Verständnis dessen, was folgt, erleichtern und dem Prediger selbst die Möglichkeit geben, mit der Gemeinde hier und jetzt Kontakt aufzunehmen. Oft geraten Einleitungen zu lange.

Vergleichen Sie Länge und Inhalt der Einleitung mit dem *Schlußteil*! Dieser hat der Einleitung entsprechende Funktionen. Er soll dem Hörer Gelegenheit geben, das Gehörte noch einmal in geraffter Form zu überblicken, innerlich zu wiederholen, sich dabei zu sammeln und die Entlastung wahrzunehmen, die Gott uns durch das Evangelium anbietet. Er soll dieselbe Länge wie die Einleitung aufweisen, d. h. etwa ein Fünftel der gesamten Predigt. Der Schluß wird häufig zu allerlei Nutzanwendungen, Spendeaufrufen und ethischen Appellen mißbraucht. Diese gehören in die Abkündigungen, falls sie sich gar nicht vermeiden lassen, aber nicht an das Ende der Verkündigung des Evangeliums. Denn beim Hörer entsteht der fatale Eindruck, Gott habe uns erlöst, damit wir aus pflichtschuldiger Dankbarkeit heraus nun „seine Kirche" erhalten, fleißig Geld geben und ein bürgerlich-wohlanständiges Leben führen. Solche Predigtschlüsse durchkreuzen alles vorher über

Gottes absolut bedingungslose Gnade Gesagte und machen unsere Verkündigung unglaubwürdig. Der Schluß einer Predigt muß auch nicht immer und auf jeden Fall auf alle angeschnittenen Fragen eine letztgültige Antwort bringen. Glauben heißt auch, an dem gnädigen Gott wider allen Augenschein festzuhalten, wenn er schweigt. Und er schweigt oft. Offene Fragen sind daher manchmal einem Schluß angemessener als nichtssagende Patentantworten. (Allerdings darf der Fragestil nicht in Manierismus ausarten: Es gibt Prediger, die nur noch Fragen aneinanderreihen und sich um die eigene Position herumdrükken.)

Die Aussagen der Predigt sollen deutlich den Unterschied zwischen Bibelzitaten, Bezugnahmen auf allerlei andere Gewährsleute und der eigenen Ansicht des Predigers erkennen lassen: Das ermutigt die Hörer zu eigener Meinungsbildung und schafft ein Klima redlicher Verständigung im gemeinsamen Gegenüber zu Schrift und Bekenntnis, ja zu Gott selbst, und im gemeinsamen Betroffensein von den Anfechtungen unserer Existenz. Wer nicht sauber zwischen Schriftaussagen, theologischen Konzeptionen, Bekenntnisaussagen, allerlei von hier und dort ausgegebenen Parolen zur gegenwärtigen Lage und seiner eigenen Meinung trennt, mißbraucht den Namen Gottes allzu leicht für seine Zwecke und lügt sich selbst wie seinen Hörern etwas in die Tasche.

3.4. Arbeitsschritte

Bei der Vorbereitung einer Predigt können etwa folgende Arbeitsschritte zur Anwendung kommen:

- Text und Thema bestimmen,
- Sachfragen klären (historisch-kritische Exegese, Theologie, Erkenntnisse heutiger Wissenschaften usw.),
- Einfälle aller Art notieren (Stoffsammlung),
- Stoffsammlung mit Hilfe von Ziffern, Buchstaben oder Farben ordnen und gliedern,
- geordnetes Material auf ein Minimum des gerade heute Wichtigen zusammenkürzen,
- erste Predigtgliederung detailliert entwerfen,
- ersten ausformulierten Text entwerfen (Gliederungspunkte am Rand vermerken!),
- Entwurf lesen, eventuelle Änderungen und Umstellungen vornehmen,
- Gliederung revidieren,

– Gliederung auswendig sprechen,
– Predigt nach Gliederung auswendig sprechen und Zeitdauer beachten,
– Stellen, die auswendig nicht merkbar erscheinen, vereinfachen und in einleuchtenderen Zusammenhang bringen,
– Predigt erneut auswendig sprechen,
– Agende im Zusammenhang der Predigt durchgehen,
– Lieder und Gebete auswählen,
– zu singende Stücke der Agende jedesmal wieder durchsingen,
– Gebete und Lesungen laut lesen,
– gegebenenfalls technische Geräte und Medien in der Kirche installieren und ausprobieren,
– liturgische Gewänder, Bibel, Gesangbuch und Agende vorbereiten,
– rechtzeitig mit allen beteiligten Mitarbeitern Kontakt aufnehmen (Kantor und Küster regelmäßig anrufen),
– in einer neuen Kirche Sprechprobe machen.

Merke: Ein Altar ist weder ein Schreib- noch ein Ladentisch, sondern ein öffentliches liturgisches Symbol. Auch Liturg und Prediger sind in ihren amtlichen und öffentlichen Funktionen nicht einfach irgendwelche herumhantierenden Privatunternehmer, sondern Repräsentanten und als solche Symbolfiguren. Manche Prediger vergessen das, manche empfinden es als Belastung. Wie gehen Sie damit um?*

---

* *Möglicher Aufbau einer Seminar- oder Examens-Predigtarbeit:*
Titelblatt mit Angaben von Namen und Adresse des Verfassers sowie Text bzw. Thema der Predigt und Seminar bzw. Examen, für das die Arbeit erstellt wurde
Inhaltsverzeichnis (mit Seitenangaben)

1. Textangabe mit Übersetzung (oder Thema mit „Sach-Exegese“)
2. Exegetische Erläuterungen mit Skopus bzw. Idion des Textes
3. Systematisch-theologische Erörterung zu Text und Thema
4. Liturgische Anmerkungen (Bezug zu Kirchenjahr und Perikopenordnung, Lieder zum Text, Gebete, Stellenwert dieser Predigt im Gottesdienst u. ä.)
5. Zur Situation der Hörerschaft
6. Zur Situation des Predigers
7. Freie Einfälle, Stoffsammlung (nicht mit vorzulegen)
8. Mögliche Predigt-Hauptgedanken
9. Begründete Entscheidung für das inhaltliche Predigtziel
10. Gliederung der Predigt
11. Wörtliche Ausformulierung der Predigt (Gliederungspunkte am Rand vermerken!)
12. Literaturangaben

4. *Predigt kritisch*

4.1. Kriterien zur Beurteilung

Die Kriterien zur Beurteilung ergeben sich aus den Generalzielen einer Predigt: Sie dient der Verkündigung des Evangeliums von Gottes freilassender und bedingungslos annehmender Barmherzigkeit. Sie geschieht im Medium lebendiger Rede von Mensch zu Mensch, speziell des Monologs eines von der Gemeinde dafür ausgebildeten und beauftragten Predigers, der zum einen den Anliegen der Gemeinde aktuellen sprachlichen Ausdruck verschafft, damit aber zugleich das Wort Gottes gegenüber dieser Gemeinde zur Sprache bringt, dessentwegen sich die Gemeinde versammelt. Er selbst ist damit zugleich Glied der Gemeinde und doch deren Gegenüber, er spricht für eine menschliche Gemeinschaft und er spricht für ihren Gott.

Die Sachgemäßheit einer Predigt läßt sich deshalb an folgendem Dreieck überprüfen:

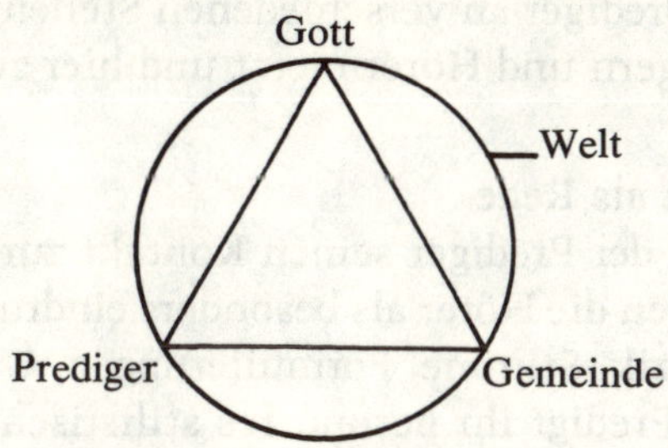

- Eine Predigt ist sachgemäß, wenn in ihr der gnädige Gott zur Sprache kommt. Als Hilfen kann der Prediger Schrift und Bekenntnis (Tradition) zu Rate ziehen.
- Eine Predigt ist sachgemäß, wenn der gnädige Gott in die Situation der Gemeinde hinein verkündigt wird.
- Eine Predigt ist sachgemäß, wenn der gnädige Gott vom Prediger in Beziehung zu seiner eigenen Existenz gesetzt wird und so zur Sprache kommt, daß er, der Prediger, dabei redlich bleibt.

Wir fragen also nach der
Credo-Gemäßheit,
Gemeindegemäßheit und
Predigergemäßheit der Predigt,
nach der Theologie,
der sozialen Wahrnehmung und der
Authentizität des Predigers.

4.2. Predigtnacharbeit

Durch *Predigtnachgespräche* zwischen Prediger und Hörern kann die Predigtpraxis entscheidend gewinnen. Frei nach W. Born lassen sich folgende Arbeitsgänge der Predigtanalyse unterscheiden und folgende Fragen dabei stellen:

a) Frage nach dem Eindruck der Hörer und nach der Botschaft des Predigers: Entsprechen sie einander?
- Was haben die Hörer von der Predigt behalten?
- Welche Gliederung geben sie an? Welche Hauptgedanken bzw. -aussagen haben sie vernommen?
- Welche Gefühle hat der Prediger an einzelnen Stellen seiner Rede in ihnen wachgerufen (Freude, Müdigkeit, Ärger, Wärme, Kälte, Bedrückung, Lust zu Aktivität usw.)?
- Was wollte der Prediger tatsächlich sagen?
- Was hat der Prediger an verschiedenen Stellen seiner Rede gefühlt?
- Wie ist Predigern und Hörern jetzt und hier zumute?

b) Die Predigt als Rede
- Wie empfand der Prediger seinen Kontakt zur Gemeinde?
- Was empfanden die Hörer als besonders eindrucksvoll (zu beachten: Inhalt, Rhetorik, Stimme, Formulierungen, Gestik)?
- Was gab der Predigt ihr besonderes stilistisches Gepräge (z.B. eine Geschichte, provozierende These, offene Frage, moralischer Appell, Bild, sonstiger Einfall des Predigers)?
- Wie empfanden die Hörer eventuelle Redundanzen (absichtliche oder unabsichtliche Wiederholungen von Kernsätzen o.ä.)?
- An welchen Stellen war die Predigt verständlich, an welchen nicht?
- War die Predigt anschaulich oder gedanklich-abstrakt?
- War der Redestil prozeßhaft (Verben) oder begrifflich (Substantive)?
- Wurde die Predigt frei vorgetragen? Wie empfanden die Hörer die Verwendung des Manuskripts?
- Wie empfanden die Hörer die Aussprache des Predigers? (Welche Rolle spielte der Gebrauch des Mikrophons für den Kontakt zwischen Prediger und Hörer?)
- War die Predigt spannend oder langweilig und warum vermutlich?

c) Die Sache der Predigt und ihre Vergegenwärtigung
- Welchen Eindruck machte der Text (das Thema usw.) auf Hörer und

Prediger beim Verlesen bzw. ersten Lesen und ersten Hören nach längerer Zeit?

- Wie wurde der Text im Gottesdienst und zu Beginn der Predigt (evtl. auch erst mitten in der Predigt oder gar an deren Ende) verlesen?
- Welche Übersetzung wurde verwendet (Gefühle, ästhetische u. a. Empfindungen beim Anhören)?
- Persönliche Einfälle (biographische, andere) bei der Begegnung mit dem Text?
- Fremdheitsgrad von Sprache und/oder Sache des Textes?
- Exegetische Probleme des Textes und ihre Lösungsversuche (welche Kommentare, Predigthilfen usw. wurden befragt, Kontext, Skopus, Text und eigenes Credo: Hätte eigentlich gegen den Text gepredigt werden müssen, um ehrlich zu bleiben?)?
- Hermeneutische Probleme: Situation damals und heute? Welche Mittel der Überbrückung hat der Prediger eingesetzt?
- Waren Textaussagen und persönliche Stellungnahmen des Predigers klar unterscheidbar?
- Summa summarum: War die Predigt textgemäß (meinetwegen auch als Anti-Predigt)?

d) Die Theologie des Predigers

- Welche Aussagen über Gott hat der Hörer vernommen?
- Welche wollte der Prediger tatsächlich machen?
- Hat er trinitarisch gedacht (Schöpfung, Erlösung, Eschatologie: Jetztzeit und Zukunft)?
- Hat er Gesetz und Evangelium unterschieden? Wie hat er sie aufeinander bezogen?
- Wie hat er die Beziehung zwischen Gott und Mensch dargestellt (hierarchisch-autoritär, partnerschaftlich, metaphysisch, ethisch-moralisch usw.)?
- Wie hat er die Vorstellungen von Inkarnation und Himmelfahrt, Kreuz und Auferstehung, Rechtfertigung sola gratia und Heiligung verwendet?
- Welche Rolle spielten Propheten, Heilige, Kirchenväter u. a. Gewährsleute, Beispielfiguren etc.?
- Wie waren diese und andere theologische Anschauungen mit der Alltagserfahrung von Prediger und Gemeinde verknüpft?
- Wie sah die politische Dimension der Predigt aus?
- Wie ist der Prediger auf die ökumenische Situation eingegangen (Verhältnis von Konfessionen am Predigtort, dritte Welt, Kirchen in

der Verfolgung, Unterschiede und Gemeinsamkeiten christlicher Denominationen usw.)?

- Wollte der Prediger in erster Linie belehren, ermahnen, lobpreisen oder ermutigen?
- Hatten die Hörer den Eindruck einer Moralpredigt?
- Fühlten sich die Hörer so wahrgenommen und akzeptiert, wie sie wirklich leben und sind?

5. Predigen als „lifelong learning"

Daß man Predigen nicht eines Tages kann und dann sein Leben lang beherrscht, ist selbstverständlich. Ein guter Redner ist noch kein guter Prediger, auch wenn er Theologie studiert hat, und ein guter Theologe ist noch lange kein guter Prediger. Schließlich: Ein guter Prediger muß nicht immer ein guter Prediger bleiben, und ein schlechter Prediger kann ein guter werden. Auf jeden Fall aber ist ein perfektionistischer Ehrgeiz im Endeffekt genauso schädlich wie allzu große Unbefangenheit des Predigers. Wichtigste Kriterien einer sinnvollen Predigt sind neben deren theologischer Qualität Echtheit und Kontaktfähigkeit des Predigers. Daran ist fortwährend zu arbeiten.

Kursangebote werden von theologischen Fakultäten, Pastoralkollegs, Akademien und anderen kirchlichen Fortbildungseinrichtungen gemacht. Dabei liegt der Schwerpunkt oft auf einer Wiederauffrischung einst gelernter akademischer Theologie und auf Verbesserung der Predigttechnik. Videorecorder und ähnliche technische Hilfen werden eingesetzt. Mindestens ebenso wichtig erscheint aber das Lernen „vor Ort": in Predigtvorbereitungskreisen, bei Predigtnachbesprechungen, in regelmäßig arbeitenden Peergruppen von Kollegen, die außer Seelsorgefällen auch Predigten unter psychodynamischen (tiefenpsychologischen und sozialpsychologischen) Gesichtspunkten durcharbeiten können, und in Einzelgesprächen in der Gemeinde. Scheuen Sie sich nicht, Ihre Gemeinde zur Predigtkritik zu ermutigen, und zwar zu einer persönlich verantworteten und im Beisein anderer vorgebrachten (Predigtvor- und -nachbereitung). Anonymes Lob und anonyme Angriffe sollten Sie allerdings durch konsequentes Nichtbeachten abstellen. Der persönliche Kontakt zwischen Prediger und Hörerschaft kann aber zu einer echten Schule der Zivilcourage, offener Kommunikation und Einübung in das solidarische Gespräch um den Glauben führen. Kontaktfähigkeit und Authentizität werden auch in Trainings gruppendynamischer und tiefenpsychologischer Art gefördert. Entsprechende

Kursangebote werden von Fachverbänden wie der Deutschen Gesellschaft für Pastoralpsychologie (DGfP), Sekretariat: Brückenstr. 6, 7400 Tübingen, dem Werkstatt-Institut für Lebendiges Lernen (WILL – Europa), Sekretariat: Postfach 231, CH 8032 Zürich, und von den großen Psychotherapeutenverbänden (z.B. DGPPT, DAGG) gemacht. Auch auf die Internationale Gesellschaft für Tiefenpsychologie (erweiterte Gemeinschaft Arzt und Seelsorger), Gustav-Siegle-Str. 43, 7000 Stuttgart 1, sei verwiesen.

6. *Literatur*

Arens, H., Die Predigt als Lernprozeß, München 1972
Arens, H., Richardt, F., Schulte, J., Kreativität und Predigtarbeit, München [3]1977
Arens, H., Richardt, F., Schulte, J., Positiv predigen, München 1977
Bartholomäus, W., Kleine Predigtlehre, Zürich 1974
Born, W., Kriterien der Predigtanalyse, Gütersloh 1971
Klaus, B., Winkler, K., Begräbnis-Homiletik, München 1975
Piper, H.-Chr., Predigtanalysen, Göttingen 1976
Sommerauer, A., Das Handwerk der Predigt, Stuttgart 1973

Weitere Lit. s. S. 102!

II. VON DER GLAUBWÜRDIGKEIT DES PREDIGERS

*oder: Das Proprium christlicher Predigt und die Glaubwürdigkeit des Zeugen**

Wenn wir anhand eines Falles Grundfragen der Pastoraltheologie anschneiden wollen – ich spreche von „Pastoraltheologie", weil es mir nicht um eine Einzeldisziplin der Praktischen Theologie geht, z. B. um die Homiletik, sondern um Grundfragen von Auftrag und Praxis der „Verkündigung", und weil mir an der Einheit der Praktischen Theologie liegt –, dann werden wir uns mit wenigem begnügen müssen. Umfassende Generallösungen habe ich nicht anzubieten, wohl aber meine theologische Position und Impulse für ein Gespräch. Allerdings gibt es einen gewissen *Konsensus der Kirche* in theologischen Grundfragen, und ich gehe davon aus, daß der *Glaube an die Rechtfertigung des Sünders allein durch Gottes Gnade* alle der Evangelischen Kirche in Deutschland angehörenden Gliedkirchen verbindet.

1. Der Fall

Pfarrer X. wurde 197 . . . von der Disziplinarkammer einer bundesdeutschen Landeskirche „wegen schuldhafter Verletzung seiner Amtspflichten" auf zwei Jahre seines Amtes enthoben. Was war geschehen? Die „ehebrecherischen Beziehungen" des Pfarrers zu verschiedenen Frauen – zuletzt zu seiner damaligen festen Freundin und jetzigen zweiten Ehefrau – waren bekannt geworden, so daß ein Angehöriger der Kreissynode, auf der Pfarrer X. predigen sollte, eine kritische Anfrage hinsichtlich des Lebenswandels des vorgesehenen Predigers einbrachte. Es gab Auseinandersetzungen mit der Kirchenleitung, Kreissynodalvorstand und Presbyterium der zuständigen Gemeinde stellten sich auf die Seite des Pfarrers, aber das Landeskirchenamt enthob Pfarrer X. dennoch schon während des Verfahrens vorläufig seines Dienstes und wies durch Beschluß der Kirchenleitung seinen Einspruch zurück. Für

* Gastvorlesung auf Einladung des Fachbereichs Evangelische Theologie an der Universität Marburg am 21. 4. 1978. Zuerst veröffentlicht in: WPKG 68 (1979), 1, 9–21.

unsere Themenstellung sind nun weder kirchenrechtliche noch im engeren Sinne sexualethische Gesichtspunkte maßgeblich, mich interessiert in diesem Zusammenhang auch nicht die durch eine pietistische Erziehung geprägte Biographie des Pfarrers, die sein Verhalten verständlicher macht, sondern die *theologische* Argumentation der *Begründung des Urteils* der kirchlichen (!) Disziplinarkammer:

Der Ehebruch eines Pfarrers stelle eine „Amtspflichtverletzung" dar. „Denn er hat durch seinen Ehebruch schuldhaft Pflichten verletzt, die sich aus seinem mit der Ordination begründeten Amtsverhältnis ergeben." (Urteil, S. 8) „Die Disziplinarkammer ist einmütig der Meinung, daß strenge dienstrechtliche Maßnahmen gegen den Beschuldigten geboten sind. Die kirchliche Amtsdisziplin ist nötig, um die Gemeinden vor Ärger und Unfrieden zu bewahren, eine rechte Amtsführung zu fördern und das Amt vor schlechter Ausübung, Mißbrauch und Entwürdigung zu schützen. In der Kirche Jesu Christi darf das Evangelium nicht anders verkündigt werden als in steter Heiligung des persönlichen und amtlichen Lebens ... Nach der evangelischen Tradition und der Lehre der Kirche hat ein Pfarrer der Gemeinde im Leben und im Wandel ein Vorbild zu sein. Dazu gehört vor allem auch die Befolgung der Gebote ... Ein Pfarrer, der so eindeutig gegen die Ordnung der Heiligen Schrift verstößt, verliert in seiner Verkündigung an Glaubwürdigkeit; der Kirche erginge es ebenso, falls sie ein solches Verhalten ihres Pfarrers dulden würde. Die Disziplinarstrafe mußte deutlich zum Ausdruck bringen, daß der beschuldigte Pfarrer seiner Kirche Schande gemacht hat. – Ohne Bedeutung ist es, daß der Beschuldigte seine ehebrecherischen Verhältnisse nicht als Widerspruch zu seinem Verkündigungsauftrag ansieht ..." (8 f.) –

Wieso die theologische Argumentation von Pfarrer X. „ohne Bedeutung" bleibt, während die kirchliche Kammer weitgehend psychologisch (Vorbild, Glaubwürdigkeit, Schande) argumentiert, wird nicht begründet. – Die Kammer hat „kein Verständnis für die im Verfahren vorgetragenen Voten des Kreissynodalvorstandes und des Presbyteriums, daß keine Bedenken bestünden ..." (9). Es sei Aufgabe eines Pfarrers, „in der eigenen Lebensgestaltung das von ihm verkündete Wort zu erfüllen und so den Gemeindegliedern bei der Verwirklichung des göttlichen Gebotes beizustehen ..."(10).

Soweit der Fall. Pastoraltheologisch steht hier u. a. folgendes zur Debatte:

– Was ist das „*verkündete Wort*"? (2.)
– Was ist die „*Amtspflicht*" eines Pfarrers? (3.)

– *Wie* ist diese „Amtspflicht" zu erfüllen? (4.)
– Wann ist ein Pfarrer und wann ist eine Kirche *„glaubwürdig"*? (5.)
Es geht also
– um Grund, Sinn und Ziel der *Kirche*: Gottes Wort;
– um Grund, Sinn und Ziel des *Amtes*: wiederum Gottes Wort;
– um die *konkrete Verwirklichung* der Ausrichtung dieses Wortes und
– um die *Bedingungen*, an die dieses Wort gebunden ist – mit Schlagwörtern: um *Wort, Amt, Praxis* und *Menschlichkeit*.

Um es gleich vorwegzusagen: Ich habe in einer von mir erbetenen Stellungnahme der Disziplinarkammer massive theologische Irrlehre vorgeworfen. (Übrigens, wie es scheint, mit Erfolg: Die Kirchenleitung, die das Urteil als zu milde angefochten hatte, kam mit ihrem Einspruch nicht durch.)

Die *Begründung meines Vorwurfs* steckt eigentlich schon in meiner oben genannten Gliederung: Im Unterschied zum Urteil, das das *Wort Gottes* unter die *Amtspflichten* des Pfarrers subsumiert hat, habe ich diese Reihenfolge umgekehrt.

2.

Ich handle daher zunächst vom *Proprium christlicher Predigt, vom Worte Gottes.*

Das Urteil ist eindeutig der Auffassung, Gottes Wort sei identisch mit dem, was es „göttliches Gebot" nennt. Das liegt ganz auf der Linie von E. Thurneysen, der in seiner „Lehre von der Seelsorge" (1946) die rhetorische Frage stellt, ob es denn überhaupt eine andere Form des Evangeliums gebe als die des Gebotes (^{4}1976, 227f. passim). Nun scheint es mir gar keine Frage, daß das Evangelium – also die Botschaft von der Liebe und Gnade Gottes – in bestimmten, z.B. pädagogischen Situationen als Ermahnung, ja als Gehorsam heischendes Gebot und als Grenzen setzendes Gesetz für einen Menschen oder eine Gruppe von Menschen hilfreiche Bedeutung erlangen kann. Aber daß das Gebot die einzige oder auch nur häufigste und angemessenste Gestalt des Evangeliums sei, davon kann m. E. gar keine Rede sein. Im Gegenteil: Das Gesetz als Gestalt des Evangeliums ist für den erwachsenen Christen – wenn er nicht gerade geistig behindert oder sonstwie in seinem Erwachsensein stark eingeschränkt ist – die Ausnahme. Denn er hat das Gesetz in seinem primus und secundus usus erlebt, als Ursache seiner Anfechtung, als einstmals hilfreiche Ordnung, die aber zu eng geworden ist und im Interesse von mehr Mündigkeit überschritten werden mußte, und als ängstigende Überich-Moral, die ihn gerade für das Evangelium aufgeschlossen hat. Der tertius usus legis, von dem Thurneysen ja doch in einer unzulässigen Vermischung mit dem primus und secundus usus redet, ist für den Christen, der bewußt die Freiheit des Evangeliums ergreift, zunächst verschlossen bzw. nur als Verheißung zugänglich (Iwand). Für ihn gilt die *Unterscheidung von Gesetz und Evangelium,* und just diese Differenz hat das Urteil völlig übersehen.

Wenn das Wort Gottes der Kirche, ihrer Verkündigungspraxis und der Lebensführung all ihrer Glieder *vorgegeben* ist, dann nicht nur im Sinne des Schöpfungswortes, also der *revelatio generalis,* sondern doch als *Proprium* eben der *Kirche*, die überhaupt nur daraus eine Existenzberechtigung ableiten kann, im Sinne der *revelatio specialis:* als Wort von der Versöhnung und Erlösung.

Es ist menschlich und gehört zu einer schöpfungstheologischen Anthropologie, daß Menschen auf Ordnung, Recht und Sicherheit angewiesen sind – auch in der Kirche, die ja als soziologisch bestimmbare Größe nicht aus der Schöpfung herausfällt. Es ist daher auch menschlich, daß Menschen miteinander handeln: „Auge um Auge, Zahn um Zahn." Gott der Schöpfer wird zunächst ganz in diesem Sinne gefürchtet und geliebt: Man muß seine Gebote halten, damit es einem gut gehe und man lange lebe auf Erden. Erst wo dieses menschliche Modell einer „gerechten" Beziehung nicht mehr funktioniert, wo Menschen die *Theodizeefrage* stellen und auf dem Weg der Gerechtigkeit der Pharisäer scheitern, wird das Evangelium als revelatio specialis und als eigentliches Proprium christlicher Predigt relevant; als „eine Kraft Gottes, die da selig macht alle, die daran glauben ... Denn darin wird offenbart die Gerechtigkeit Gottes, welche kommt aus Glauben in Glauben; wie denn geschrieben steht: ‚Der Gerechte – aufgrund seines Glaubens wird er leben.'" (Röm 1,16f.) Das Gesetz des neuen Bundes ist eben kein Gesetz – oder bestenfalls ein Antigesetz –; das „Gesetz Christi" oder „des Glaubens Gesetz" (Röm 3,27) beruht auf einem völlig anderen Verständnis von Gerechtigkeit, nicht mehr auf dem üblichen des Zusammenhangs von Tat und Folge: „So halten wir nun dafür, daß der Mensch gerecht werde ohne des Gesetzes Werke, allein durch den Glauben." (Röm 3,28) Im Sinne des *ersten Artikels* konnte man *sehen*, wen der Schöpfer liebte: Denn den belohnte er. Im Sinne des *zweiten Artikels* beweist weder ein Leben der Heiligung noch ein Leben des wirtschaftlichen und gesundheitlichen Erfolgs Gottes Gnadenwahl, sondern nur der *Glaube*, der wider allen Augenschein – trotz des Kreuzes – an der Überzeugung festhält, daß Gott seine Schöpfung liebt, obwohl sie es nicht verdient. Im Rahmen des *allgemeinen Menschseins* ist der *Weg des Pharisäismus* durchaus gangbar. Es ist der Weg menschlicher Gerechtigkeit, wie er z.B. Mt 20 im Gleichnis von den Weingärtnerns oder Lk 15 im Gleichnis vom verlorenen Sohn als der Weg der vertragsgemäß arbeitenden und vertragsgemäß entlohnten Tagelöhner bzw. als der Weg des zu Hause gebliebenen fleißigen Sohnes beschrieben wird. Im Rahmen des *Christseins* kommt das „*Credo quia absurdum*" hinzu: Der Vertrag ist nicht eingehalten worden, von überzeugender Lebensführung kann keine Rede sein, aber der Herr lohnt diese ungerechten, faulen und verlorenen Söhne wie die gerechten, fleißigen und zu Hause gebliebenen. Das stellt alle rechtende Frömmigkeit auf den Kopf, es macht die Frommen stutzig, ja fanatisch und böse, aber es macht die Zweifler, Sucher, Zöllner und Sünder, froh und voller Hoffnung.

Die Argumentation des *Urteils* lautet ganz im Sinne der Gerechtigkeit des ersten Artikels: Dieser Pfarrer soll den Leuten etwas verkündigen, woran er sich nicht einmal selber hält – nämlich Gottes Gebot, die moralische Ordnung, die für unser Zusammenleben nötig ist –; er wird damit unglaubwürdig und die Kirche, die solches duldet, ebenfalls.

Meine *Gegenthese* lautet: 1. ist es der *Normalfall*, daß der Pfarrer predigt, was er selber durch seine Existenz nur bruchstückhaft abzudecken vermag, 2. kommt das daher, daß er nicht das Gesetz, sondern das Evangelium zu predigen hat, welches eben die Unfähigkeit *aller* Glieder der Gemeinde voraussetzt, dem Gesetz zu entsprechen, 3. predigt deshalb der Pfarrer stets auch sich selber.

Eine Kirche, die meint, das Gesetz predigen zu müssen und dieser Predigt auch noch durch ein den Geboten entsprechendes Leben der Heiligung ihrer Glieder Glaubwürdigkeit verschaffen will, frönt der Grundsünde der Werkgerechtigkeit. Hans-Wolfgang Heidland schreibt in seinem bemerkenswerten Artikel „Der Pfarrer – geretteter Retter" (DtPfrbl. 77, 3, 73–78): „Der Ausdruck Glaubwürdigkeit, der zum Schlagwort auch der Kirche geworden ist, ist kein biblischer Begriff. Ob er dem Sinne nach biblisch ist, muß bezweifelt werden. Wahrscheinlich ist er auch nur wieder ein Stachel der Gesetzlichkeit." (AaO. 76f.)

Zusammenfassung

Gottes Wort im spezifisch christlichen Sinne gilt den „Kranken", nicht den „Gesunden" (Mt 9,12f.). Das heißt, es wendet sich an auf dem Wege der Heiligung Gescheiterte. Der „neue Gehorsam" (CA VI) wird dadurch möglich, daß Christus dem Gesetz ein Ende bereitet (Röm 10,4), dem Menschen ein neues Selbstbewußtsein ermöglicht und so die Freiheit gibt, daß ein verantwortliches Ich dem verantwortungslosen, weil fremdbestimmten Überich (das bekanntlich aus dem Es der Triebwelt stammt) gegenübertritt. Es ist der Normalfall, daß in der Kirche Sünder Söndern predigen (Mt 26,34; Lk 22,57 u.ä.). Die Rechtfertigung des Sünders sola gratia sola fide ist das spezifische Proprium christlicher Verkündigung.

3.

In diesem Sinne kann nun weiter vom *Amt des Pfarrers* und von seinen „Amtspflichten" geredet werden. Sein Auftrag ist es zunächst einmal einzig und allein, die Versöhnung (2.Kor 5,18f.) zu predigen. Gewiß ist es in dieser Welt nötig, daß Ordnung herrscht, gewiß ist es sinnvoll, daß wir Gesetze haben, aber dafür gibt es Polizei und Obrigkeit. Unser Mensch- und Geschöpfsein reicht aus, um im „Reich zur Linken" recht und schlecht zurechtzukommen. Alle Versuche, von der Versöhnung her eine neue Sozialordnung zu entwerfen und zu realisieren, sind gescheitert: Warum? Weil das Evangelium die Schöpfung nicht außer Kraft setzt, weil Christus den alten Adam nicht beseitigt, sondern weil das Licht *in* der Finsternis scheint, weil die Botschaft von der Begnadigung durch Gott, den Erlöser, *innerhalb* seiner Schöpfung laut wird, weil Jesus Christus *Mensch* geworden ist. Rechtfertigung bedeutet eben primär nicht Gerechtmachung, sondern Gerechtsprechung (wenn wir einmal an den dogmengeschichtlichen Streit um die imputativ-forensische und die effektive Rechtfertigung, die im Endergebnis ja *keine* Alternative bedeuten, erinnern dürfen). Das ist wichtig für die *Definition des Amtes*, die ich hier rein *funktional* vornehmen möchte: *Der Auftrag der Kirche ist Gerechtsprechung* – wider allen Augenschein, also Theologica crucis, nicht Gerechtmachung. Letztere ist allein Gott vorbehalten. Veränderung mancher Zustände mag sich aus der Gerechtsprechung ergeben, weil ein von der Sklaverei des schlechten Gewissens befreites Ich ganz anders in der Lage ist, mit seiner Umwelt konstruktiv und kreativ umzugehen. Aber sie ist nicht Folge eines neuen Gesetzes, auch nicht ein christliches Spezifikum, sondern Folge befreiter Vernunft, befreiter Menschlichkeit, wieder eingesetzter, eben gerechtgesprochener und als gerecht wider allen Augenschein „geglaubter", d.h. akzeptierter und vorausgesetzter, Menschlichkeit.

Für das Proprium christlicher Predigt heißt das: Diese „Früchte des

Glaubens" sind, diese neu erworbene, rehabilitierte Menschlichkeit ist selbst nicht mehr eigentlicher Gegenstand des Auftrags der Verkündigung und schon gar nicht Garant ihrer Glaubwürdigkeit. Denn das Wort von der Vergebung Gottes ist weder beweisbar noch glaub-würdig, es ist zu bezeugen in Sprache und Verhalten. Wie dieses Zeugnis, das ja in sich nicht widersprüchlich sein kann – oder vielleicht doch im Sinne der gerechtfertigen Widersprüchlichkeit menschlicher Existenz? –, aussehen könnte, ist später noch einmal zu fragen (s. u.) im Hinblick auf die in dem Urteil angesprochene *Kongruenz* von Lehre und Leben.

Zunächst interessiert mich das Verhältnis von Lehre und Leben im Sinne der *Voraussetzung* eines geheiligten Lebens für die Glaubwürdigkeit des Wortes Gottes. Hören wir dazu CA VIII: „Et sacramenta et verbum propter ordinationem et mandatum Christi sunt efficacia, etiamsi per malos exhibeantur. Damnant Donatistas et similes ..." Warum liegt mir, der ich sonst sehr für Toleranz eintrete, gerade an diesem Punkt an dem reformatorischen Damnamus? Warum gebrauchte ich eingangs den so überholt klingenden harten Ausdruck der Irrlehre? Weil *innerhalb* der Kirche an diesem Punkte mir keine Diskussion mehr möglich erscheint. Die Bedingungslosigkeit der göttlichen *Gnade* – nicht die Bedingungslosigkeit der *Ausrichtung des Wortes*, nicht die Bedingungslosigkeit der Inkarnation also, die ja gerade Gottes Eingehen in und auf unsere Bedingtheiten und Bedingungen bedeutet – ist der Articulus stantis et cadentis ecclesiae: Wenn darüber in der reformatorischen Kirche keine Einigkeit mehr bestünde, wüßte ich nicht mehr, wozu ich gerade in der ach so defizienten Institution Kirche arbeitete, worauf meine Predigt, meine Unterweisung und last not least meine Seelsorge gründete und warum ich nicht etwa zur Humanistischen Union ginge. So aber meine ich genau zu wissen, was als Pfarrer meines Amtes ist und was nicht: Meines Amtes ist vieles nicht, was in der Welt dringend nötig und sinnvoll ist, aber in den Bereich der allgemeinen Menschlichkeit und „Gerechtigkeit" fällt: Ordnung, Recht und Sicherheit, Humanität, Brot für die Welt, Amnesty International, Sozialpolitik u. dgl. mehr. Dies alles ist „meines Amtes" als Mensch, und „mein Amt als Mensch" ist zugleich begrenzt durch meine geschöpflichen Möglichkeiten und Schwächen.

Mein „Amt als Christ" hebt dieses „Amt als Mensch" keineswegs auf, aber es wäre überflüssig, wenn es nichts Besonderes anzubieten hätte: nämlich die Befreiung meines „Amtes als Mensch" durch Gottes Gerechtigkeit, die Gute straft und Böse lohnt, unser ganzes Moralsystem durcheinanderbringt und Solidarität zwischen Guten und Bösen,

Gerechten und Ungerechten, Freunden und Feinden dadurch ermöglicht, daß diese ganzen moralischen Kategorien relativiert werden. Denn nichts zählt bei diesem Gott des zweiten Artikels außer dem *Glauben* an seine jenseits von Gut und Böse angesiedelte Gnade.

Diese revolutionäre Überzeugung zu verbreiten und zu vertreten ist die spezifische Aufgabe der Christen, die als „Salz der Erde" und „Licht der Welt", aber nicht etwa als überall vorhandener Erdenstaub, bezeichnet werden (Mt 5,13 f.). Sie haben innerhalb der Schöpfung, der Gottes Gnade als ganzer gilt, einen spezifischen Auftrag – der sie, noch einmal sei's gesagt, nicht von ihrer Teilhabe und Verpflichtung am allgemeinen Menschsein entbindet: „Gebt dem Kaiser, was des Kaisers ist ..." (Mt 22,21).

Ich sprach jetzt laufend vom *Amt des Christen*. Davon zu unterscheiden ist das *Amt des Pfarrers*: Diese Unterscheidung – immer wieder Anlaß zu theologischen Streitigkeiten – ist pragmatischer, nicht prinzipieller Art. Der Auftrag gilt der Gemeinde als ganzer. Sie bestellt im Sinne der Arbeitsteilung und der verschieden verteilten Gnadengaben einzelne ihrer Glieder für besondere Dienste, z.B. als Gemeindepfarrer oder Lehrer. Alle für das Leben einer Gruppe und einer Institution nötigen Funktionen lassen sich definieren, ausbilden und institutionalisieren. Wie dieses geschieht, ist eine von der gesellschaftlichen Situation und den damit verbundenen Möglichkeiten der Kirche abhängige Frage, die nicht aus dem Proprium ihres Auftrags abzuleiten ist, sondern in den Bereich ihrer Geschöpflichkeit (also theologisch des ersten Artikels) gehört, relativ, jederzeit diskutabel und veränderbar. Allerdings wird diese Natürlichkeit oder Geschöpflichkeit vom spezifischen Proprium der Kirche in Dienst genommen und muß sich von daher kritisch prüfen lassen: Wenn eine bestimmte Struktur der Ämtergliederung in der Kirche der Botschaft von der Begnadigung des Sünders im Wege stünde, wäre sie als unevangelisch zu erkennen und zu verwerfen. Es ist eine ernste Frage an die Rechtsstrukturen unserer Landeskirchen, die sich eng an das Beamtenrecht anlehnen und damit an das unevangelische Tat-Folge-Denken im Bereich der sogenannten Bürgergemeinde (vgl. Karl Barth, Christengemeinde und Bürgergemeinde, 1946), ob sie nicht gerade bewirken, was das oben genannte Urteil verhindern möchte, nämlich die Unglaubwürdigkeit einer Kirche, die die Wahrheit des Evangeliums gesetzlich absichern möchte, statt vom Evangelium her wahrzunehmen, wie die Welt tatsächlich ist, die Gott liebt.

Das Amt der Kirche ist nicht identisch mit dem umfassenden Schöpfungsauftrag, sich die Erde untertan zu machen. Die Christen sind und bleiben zwar Menschen, aber ihr spezifischer Auftrag als Kirche in der Welt und für die Welt ist die Verkündigung der Überwindung menschlicher Gerechtigkeit, die den Menschen im Netz des Tat-Folge-Denkens durch sein schlechtes Gewissen versklavt und unfähig macht, seinen Schöpfungsauftrag gestaltend und konstruktiv verändernd wahrzunehmen, durch Gottes Gerechtigkeit. Dieser Verkündigungsauftrag gilt der christlichen Gemeinde als einer solidarischen Gemeinschaft von gerechtfertigten Sündern insgesamt. Das Pfarramt stellt eine Ausgliederung bestimmter Funktionen dar, die sich formal nicht aus dem Christsein, sondern aus dem Menschsein der Gemeinde ergeben, inhaltlich jedoch daraufhin überprüft werden müssen, ob sie der gepredigten Rechtfertigung des Sünders entsprechen oder widersprechen.

4.

Die Vermutung, daß nicht alle möglichen Strukturen der Organisation der Gemeinde und ihres Amtes gleich gut geeignet seien, dem Inhalt des Auftrags zu entsprechen, führt zu der weiteren Überlegung, daß es auch nicht gleichgültig sein kann, *wie das Evangelium weitergegeben wird,* im engeren Sinne also, wie der *Pfarrer* als ein Gemeindeglied mit besonderem Auftrag innerhalb der Gemeinde sein Amt wahrnimmt.

Ergänzend können wir anhand des Falles samt Urteil hinzufügen: Es ist auch nicht egal, wie die *Gemeinde* ihr Amt gegenüber ihrem Gemeindeglied, das von Beruf Pfarrer ist, wahrnimmt, und zwar als Gemeinde vor Ort wie als Gemeinde im Sinne des hierarchischen Apparates, der meist *Kirchenleitung* genannt wird. Wie wirken diese drei Größen in der Wahrnehmung ihres gemeinsamen Amtes zusammen?

In dem konkreten Fall von Pfarrer X. will dieser seiner Amtspflicht nachkommen und die Synodalpredigt halten, mit der man ihn beauftragt hat. Einige *Gemeindeglieder* halten ihn nicht für geeignet, weil sie Gesetz und Evangelium nicht unterscheiden können – nach Luther die entscheidende Fähigkeit des Theologen (WA XL/1, 486, 26f.; u.ö.).

Aber auch die *Theologen*, die über die Reinheit des Evangeliums wachen sollen, versagen und tadeln die einzigen Gremien, die ihrer „Amtspflicht" im Sinne der Bezeugung des Evangeliums genügen: den

Kreissynodalvorstand und das *Presbyterium*. Die heißen zwar nicht Recht, was Unrecht ist, aber sie erkennen, daß die Amtspflicht des Pfarrers in der Verkündigung des Evangeliums besteht und daß diese unabhängig von seinem Lebenswandel und seiner Erfüllung des Gesetzes ist, denn sie verkündigt ja gerade diese Unabhängigkeit und Bedingungslosigkeit der Gnade Gottes von menschlicher Satisfaktion.

Der *Pfarrer* selbst, der sich gegen die vielfältigen Anschuldigungen heftig zur Wehr setzt, geht aus einer sehr verständlichen Situation heraus zur Selbstverteidigung über und verliert sich teilweise im Bestreiten jeglicher Schuld. Das *Kirchenregiment* verquickt Gesetz und Evangelium. *Beide* huldigen damit einem moralischen Schuldbegriff, der diesseits der Menschwerdung und Gerechtigkeit Gottes liegt; sie bleiben im Bereich des ersten Artikels, des „Auge um Auge, Zahn um Zahn".

Was Pfarrer X. gebraucht hätte, gerade von seiner Kirchenleitung, wäre das Zeugnis des Evangeliums von der Rechtfertigung des Sünders gewesen: Das Urteil hätte daher Sünde nennen müssen, was im Rahmen sinnvoller Sozialordnungen unserer Gesellschaft (erster Artikel) heute als untragbar oder jedenfalls als Verletzung von Mitmenschen erscheint, es hätte aber dann auf der Basis der Rechtfertigungslehre den Schuldbegriff des Pfarrers und sein daraus resultierendes Selbstverteidigungsverhalten in Frage stellen und als überflüssig erweisen müssen, indem ein prinzipieller Freispruch (zweiter Artikel) erfolgte. Erst dann hätte über praktische Konsequenzen im Hinblick auf den Frieden in der Gemeinde, von dem das Urteil spricht, mit dem Pfarrer – nicht über seinen Kopf hinweg – und mit dem Presbyterium gemeinsam beraten werden können. Ein eventueller Wechsel des Wohnortes und vielleicht auch des Arbeitsplatzes wäre als eine praktische Konsequenz um der Schwachen willen durchaus erwägenswert und im Rahmen der menschlichen Vernunft (erster Artikel) nichts Ehrenrühriges mehr gewesen.

Dies ist für mich u. a. ein Beispiel dafür, wie verschiedene Ämter innerhalb der Gemeinde ihr gemeinsames Amt wahrgenommen haben und gerade dadurch in Konflikt geraten sind.

Ich möchte hier einige Überlegungen anschließen, wie *der Pfarrer selbst als Prediger* das Proprium christlichen Glaubens so zur Rede werden lassen kann, daß er seiner „Amtspflicht" genügt und dabei redlich – und in diesem Sinne „glaubwürdig" – bleibt. Einerseits meine ich mit dem Urteil, daß kein Pfarrer glaubwürdig predigt, der von seiner Gemeinde Leistungen fordert, die er selber nicht erbringen kann. Aber andererseits beziehe ich diese Redlichkeit nicht auf das Gesetz sondern auf das Evangelium: Redlich kann er nur predigen, wenn er um seine eigene Unfähigkeit weiß, dem Gesetz zu genügen und den Weg der Heiligung zu gehen. Redlich kann er nur predigen, wenn er um seine eigene Angewiesenheit auf Gnade *vor* Recht weiß. Und redlich kann er nur predigen, wenn er um seine eigene Unfähigkeit weiß, einen festen und unerschütterlichen Glauben an Gottes Gnade immer und überall zu praktizieren. Redlichkeit impliziert die Annahme des eigenen Schattens. Redlichkeit bedeutet nicht Seelenstriptease und schonungslose Offenheit, Redlichkeit bedeutet aber auch nicht Lüge aus Rücksichtnahme. Redlichkeit bedeutet kein Wort mehr als nötig.

Aber ist denn diese Redlichkeit möglich? Sie ist möglich unter der Voraussetzung des Glaubens: Nur wer glaubt und sich – wie unvollkommen auch immer – darauf zu verlassen wagt, daß gegen die Stimme seines schlechten Gewissens (das nach Luther die Stimme des Teufels sein kann) und gegen die Unsichtbarkeit irgendwelcher Früchte des Glaubens Gott als absolut souveräne Macht diese so unbeherrscht wirkende Welt mit Liebe beherrscht und ihn persönlich voll und ganz begnadigt hat (Perfekt!) – nur wer davon ausgeht, getraut sich seinen eigenen Schatten wahrzunehmen, muß nicht länger seine Schein-Heiligkeit pflegen und seine Weste reinwaschen, er kann Fassaden lassen, gescheites theologisches Gerede aus seiner Predigt verbannen, einfach und fehlerhaft vor seine Gemeinde treten und *verzichten*. Verzichten auf alle ethischen Appelle, verzichten auf alle künstlichen Versuche, Menschen für den gnädigen Gott zu gewinnen, verzichten auf alle Mittel, die mehr machen sollen als ein gutes Gewand und eine schöne, verständliche Form für das, was nicht gemacht werden kann: Gottes Gnade, die nicht zu beweisen ist.

Im Bereich des Menschseins und der sprachlichen Kommunikation kann der Prediger etwas machen – und er darf und soll es sogar –, im Bereich des Christseins, soweit dieses durch den Glauben an das Erlöstsein über das Menschsein hinausgeht, hat der Prediger keinerlei methodische Kompetenz, er kann nur das reine Daß, an dem er womöglich oft selber zweifelt, als Angebot und Möglichkeit hinstellen. Redlichkeit in diesem Sinne läßt die Gemeindeglieder als Sünder gelten, predigt nicht, um sie zu ändern, sondern geht davon aus, daß Veränderung möglich ist, wo der Status quo als von Gott geheiligt angenommen werden kann. Die Glaubwürdigkeit einer solchen Predigt und eines solchen Predigers besteht gerade darin, daß er Annahme des Sünders nicht nur predigt sondern praktiziert, indem er seine eigenen Selbstrechtfertigungsversuche und die Versuche, seine Hörer zu ändern, aufzugeben wagt – in einem echten Risiko des Glaubens an den Gott, der sich aus Steinen Kinder zu erwecken vermag (Mt 3,9).

Wovon redet eine solche Predigt? Sie redet ja nicht von Christenpflichten, von Katastrophen, die den Einsatz der stets hilfsbereiten Christen nötig machen, von der bösen Welt, die sich unter der Herrschaft Christi bald ändern wird; sie redet aber auch nicht von einem wie auch immer gearteten Jenseits – im Sinne einer platonischen eigentlicheren Welt, wo Gott die Fehler seiner unbegreiflicherweise gefallenen Schöpfung ausmerzt und gleichsam eine zweite verbesserte Auflage schafft –, von einem Jenseits, das die Leiden des Diesseits leichter ertragen ließe und auf das unser ganzes jetziges Leben eine fleißige Vorbereitung sein solle. Nein, die christliche Predigt redet von der Welt, wie sie ist, wie sie ein jeder für sich – mit gewaltigen subjektiven und individuellen Nuancen freilich und doch mit viel gemeinsamer Wahrnehmung – erleben und beschreiben kann, von der Welt und den Menschen, die Schlimmes tun, zur grausamen Unmenschlichkeit fähig sind und doch auch die Menschenrechte und die Humanität als ihr Proprium proklamieren, ja sogar immer wieder praktizieren. Eine christliche Predigt redet von den Tatsachen ohne Angst vor Tabus – als gäbe es Bereiche, die der Gnade entzogen wären! – und von der Gleichzeitigkeit der teuflischen und der göttlichen Seite der Schöpfung. Sie redet von dem großen Simul der lutherischen Anthropologie: simul iustus ac peccator. Und sie redet davon, daß diese Zweideutigkeit der Tatsachen doch wider allen Augenschein und wider alle noch so wissenschaftliche Wahrnehmung durch Gottes eindeutige und bedingungslose Liebe zu eben dieser zweideutigen Schöpfung geheiligt und damit eindeutig gemacht ist. Sie redet davon, daß Gottes Gnade nicht die Folge unseres Verhaltens ist, sondern unserer Sünde schon vorausgeht – christliche Predigt hat daher einen bevorzugten Platz bei der Taufe, gerade auch der Kindertaufe! – und daß sie gerade so die Selbstwahrnehmung unseres Sünderseins möglich macht.

Deshalb ist es nötig, daß der Prediger im *Studium* und im Verlauf seiner Weiterbildung *Weltwahrnehmung und Credoauslegung* mit gleicher Intensität parallel betreibt – er wird sich dabei freilich auf exemplarisches Lernen beschränken müssen –, ja es ist nicht in erster Linie notwendig, sondern vor allem erlaubt: Der natürliche Mensch hat ja ein Interesse an sich selbst und seiner Umwelt, und christliche Predigt darf ihn ermutigen, dieses Interesse als Gabe Gottes einzusetzen und wahrzunehmen, was da ist. Denn das, was da ist, ist Schauplatz der

Liebe des Schöpfers, der seine wenngleich noch so „gefallene" Schöpfung rehabilitiert hat und liebt.

Daraus ergibt sich auch die konkrete Gestalt der *theologischen Wissenschaft*, die ja in jeder ihrer Disziplinen christliches Credo und „säkulare" Weltwahrnehmung gemäß irgendeiner Spezialdisziplin zusammenbringen muß (Kirchengeschichte und historische Methodologie, Exegese und Philologie, Systematik und Philosophie, Praktische Theologie und Pädagogik, Psychologie etc.). Dies bedeutet ferner, daß die Frage nach der *Methodisierbarkeit* der Verkündigung längst entschieden ist: Was für Unterricht und Predigt gilt, gilt natürlich auch für die Seelsorge. Methodisierbar ist die zwischenmenschliche Kommunikation, also unsere Aktivität im Bereich der Schöpfung; in diesen Bereich geht ja das Wort von der Gnade ein – Gott wird Mensch –, und insofern ist das Wortgeschehen analysierbar und methodisierbar. Aber Gottes Gnade selbst bleibt (empirisch oder im Rahmen der Geschöpflichkeit allen Seins betrachtet) außerhalb. Erst durch Menschen, die mit ihr rechnen und sie bezeugen, wird sie menschlich, greifbar, begreifbar, mitteilbar und somit im Vollzug der Verkündigung methodisierbar. Ich meine, daß es sich hierbei um das theologische Problem der beiden Naturen des Christus handelt, wie es im Konzil von Chalcedon weise als Paradox entschieden worden ist. Die Alternative von biblischer und humanwissenschaftlicher Verkündigung, wie sie von den Evangelikalen immer wieder aufgerissen wird, ist demnach nicht sinnvoll: Denn Gott wird Mensch und bleibt doch Gott. Und die Predigt ist menschliche Rede – also im Bereich der Humanwissenschaften – und predigt doch von einem Gott, der jenseits aller Menschlichkeit, jenseits aller menschlichen Moral und jenseits aller menschlichen Macht absolut zuverlässig, absolut gnädig und absolut ungegenständlich – unserem Zugriff entzogen – seine Liebe in unser Diesseits gibt, sich seiner selbst entäußernd, ohnmächtig und daher auch ohne Gehorsam heischende juridische Strukturen seines Reiches. Es ist deshalb auch ein theologischer Fehler, wenn menschliche oder Schöpfungs-Ordnungen – und seien es die Zehn Gebote – auf Gott, den Erlöser, zurückgeführt werden, wie dies das Urteil tut. Sie sind auf Gott, den Schöpfer, im Sinne des Naturrechts, wie es bei Paulus dargestellt wird (Röm 2,14; u.ö.) zurückzuführen, um Gesetz und Evangelium nicht zu vermischen. (Mir geht es bei diesen dogmatischen Unterscheidungen übrigens nicht um theologische Rechthaberei und Orthodoxie um ihrer selbst willen, sondern um die seelsorgerlichen Konsequenzen, die sehr verschieden aussehen, wie m. E. der Fall von Pfarrer X. deutlich zeigt, je nachdem ob ich diese oder jene Dogmatik habe. Dasselbe gilt mutatis mutandis eben auch für Predigt und christliche Unterweisung, wie ich zu zeigen versucht habe.)

Zusammenfassung

Die konkrete Ausrichtung des Wortes Gottes – in seinem spezifisch christlichen Sinne – geschieht unter anderem durch kirchliche Strukturen und ihren Gebrauch, durch den oder die Amtsträger im engeren Sinne als spezielle Träger von aus dem Gesamtmandat der Gemeinde ausgegliederten Teilmandaten und durch die theologische Wissenschaft. Ich habe versucht, anhand des Falles das Zusammenwirken verschiedener Instanzen innerhalb der kirchlichen Hierarchie vom Proprium christlicher Predigt her kritisch zu beleuchten. Sodann wurde nach den Konsequenzen für die Gestalt einer Predigt gefragt, die vom Proprium des Evangeliums her die Rechtfertigung des Sünders ernst nimmt. Schließlich habe ich kurz auf den Zusammenhang zwischen Credo und Methode als auf ein die Praktische Theologie ständig beschäftigtendes Spezialproblem einzugehen versucht. Es war mir wichtig zu zeigen, daß die Praktische Theologie ohne fundamentaltheologische Erwägungen nicht auskommt, weil Auslegung des Credo und kirchliche Praxis unmittelbar auseinander folgen.

5. *Vorbildcharakter und Glaubwürdigkeit kirchlichen Lebens und Handelns – von der Menschlichkeit der Kirche*

Manch einer wird sich gewundert haben, daß bisher in diesem Referat ausschließlich von den beiden ersten Artikeln des Credo die Rede war, aber nicht vom dritten, wohingegen doch ein so renommierter Praktischer Theologe wie Rudolf Bohren sein Konzept Praktischer Theologie ganz und gar auf diesen Artikel aufgebaut habe (Daß Gott schön werde, München 1975). Von der „*Gemeinschaft der Heiligen*" und der mit ihr aufs engste zusammengehörigen „*Vergebung der Sünden*" soll daher abschließend noch einmal im Hinblick auf die Frage nach der Glaubwürdigkeit des Zeugen die Rede sein.

Ich kann dies aus Zeitgründen nicht mehr ausführlich tun und möchte mich vor allem auf die Frage nach der Kongruenz von Lehre und Leben als Voraussetzung der vom Urteil postulierten Glaubwürdigkeit konzentrieren. Es heißt in diesem Zusammenhang im Urteil gemäß dem üblichen Allerweltsschema, nach dem Mitmenschen urteilen und beurteilt werden: Menschen, die etwas vertreten, müssen gerade darin Vorbild sein. Ich habe dieses im Verlauf des Referats gleichzeitig bejaht und verneint, was das Evangelium von der Gnade Gottes und das sich daraus ergebende Ethos von der Vergebung unter Brüdern, ja sogar zwischen Freund und Feind, betrifft.

a) Im *bejahenden* Sinne meine ich, daß in der Tat jedes Gemeindeglied, aber insbesondere der Pfarrer, der die Grundüberzeugung der Christenheit *öffentlich* vertreten, weitergeben und auch rein erhalten soll, ein Vorbild sein – darf. Dieses „Darf" ist hier nicht als Ettikettenschwindel frömmlerischen Jargons gemeint, sondern will sagen: Pfarrer, wenn schon deine Gemeideglieder zu feige sind, um zu ihrer Schwäche zu stehen – vielleicht weil du das Evangelium nicht deutlich genug verkündigst oder es mit dem Gesetz verwechselst, das zum Lügen verleitet –, dann habe doch wenigstens du den Mut, deine Schwäche wahrzunehmen, wahrhaftiger zu leben, das Fassadenbauen aufzugeben und Verantwortung zu übernehmen. „Darum, o Mensch, kannst du dich nicht entschuldigen, wer du auch seist, der da richtet." (Röm 2,1) Aber du brauchst es auch nicht. Du darfst Mensch sein und bist befreit von der teuflischen Versuchung, wie Gott – nämlich vollkommen – werden zu müssen und dabei zu verzweifeln. *Darin* darfst du *Vorbild* sein, daß du *mit deiner Schwäche anders umgehst* als man das sonst in der Welt tut – nämlich mit tausend Abwehrmechanismen, um der durch die hybriden Normen der Selbstgerechtigkeit geschürten Angst vor dem Ungenügen Herr zu werden. Der Pfarrer darf Vorbild sein in ungeschminkter Selbstwahrnehmung – einschließlich ihrer bleibenden blinden Flecken (kein neues Gesetz!) –, in Selbstannahme (einschließlich des immer wieder anklagenden schlechten Gewissens!) und von daher auch in ungeschminkter, realistischer Fremdwahrnehmung, Fremdannahme und verständnisvoller Toleranz. Die Kirchenleitung hätte Pfarrer X. eine echte Hilfe zur sachgerechten Wahrnehmung seiner Amtspflichten gegeben, wenn sie seinen eigenen moralistischen Schuldbegriff und die daraus resultierende provokante Selbstverteidigung durch das Zeugnis der Gnade unterlaufen hätte: „Darum sollt ihr barmherzig sein, wie auch euer Vater barmherzig ist!" (Lk 6,36; Mt 7,1–5 par.; Mt 18,21ff.) Die Gemeinschaft der Heiligen ist eine Gemeinschaft, in der Vergebung praktiziert wird, weil Vergebung die Grundlage ihrer Existenz ist.

Es gibt daher eigentlich nur eine einzige Irrlehre und ein einziges Fehlverhalten in der Gemeinde, die bei Fortbestehen einen Ausschluß unerläßlich machen, und das sind die Leugnung der vorausgehenden

Gnade Gottes und die Verweigerung der *Vergebung* untereinander: Wer Vergebung nicht bejaht, bejaht nicht das Generalziel der Kirche und exkommuniziert sich selbst. Schwierig wird die Sache erst da – und das scheint der häufigere Fall zu sein –, wo bona fide das Evangelium in Gesetz verkehrt und der paulinische Indikativ zum Imperativ wird, wie das auch in dem zitierten Urteil geschehen ist. Hier muß von denen, die Stellung nehmen sollen und können, ein *klares Nein mit gleichzeitiger Vergebung* praktiziert werden. Dies scheint mir überhaupt für den *christlichen Umgang mit der Sünde* charakteristisch, sei es in Predigt, Unterricht oder Seelsorge: Immer geht es um diese Verbindung von Nein zur Sünde und Ja zum Sünder. Die Kirche als ein menschlich-geschöpfliches Sozialgebilde weiß um das *Recht*, wie alle „Heiden" das Gesetz kennen, aber sie weiß darüber hinaus um die *Gnade*, und sie lebt davon, daß sie daran glaubt, daß Gott in jedem Falle Gnade *vor* Recht ergehen läßt. In diesem Sinne ist sie aufgefordert, nicht wie der „Schalksknecht" zu handeln, sondern Vorbild zu sein (Mt 18,21 ff.).

b) In einem anderen Sinne ist die Hypothese von der Vorbildlichkeit als Voraussetzung der Glaubwürdigkeit jedoch *in Frage zu stellen*. Gottes Wort ist auf die Glaubwürdigkeit seiner Zeugen nicht angewiesen – zum Glück nicht: Die armen Pfarrer müßten allesamt in die ewige Verdammnis fahren *oder* sie wären ausgenommen von der mit der menschlichen Freiheit verbundenen Ur-Sündhaftigkeit, bräuchten vielleicht eine spezielle Reinigungsweihe und einen so verstandenen Character indelebilis. Das Evangelium, das ihre einzige wirkliche Amtspflicht ist, wäre für sie selbst gar nicht mehr relevant. Sie wären die ethischen Vorbilder, Gott und den Menschen wohlgefällig, ein lebendiges Ideal der Sittlichkeit und somit ein Zeichen göttlicher Erziehungsziele, ein lebendiger Zeigefinger göttlicher Gesetzlichkeit. Wäre die ethische Vorbildlichkeit möglich, müßte sie viele in die Verzweiflung treiben, weil ihnen dieser Weg der Gesetzeserfüllung – der „Befolgung göttlicher Gebote", wie das Urteil sagt – verschlossen wäre.

Ich sagte eingangs, daß der pharisäische Weg im Neuen Testament keineswegs als irreal verdammt wird; aber er wird als für Christen unmöglich beschrieben. Deshalb sind sie ja Christen, Mitglieder der Gemeinschaft der Zöllner und Sünder, denen ohne alles Verdienst und Würdigkeit Gnade widerfahren ist.

Dieser Gedankengang veranlaßt Luther zu der Aussage, daß das Evangelium sogar besser durch „böse Buben" als durch „Heilige" verkündigt wird, weil nur so sein Sinn zur Geltung komme: „Wir haltens aber dafür, daß so Johannes sich nicht schämet und rühmets dazu für eine Weissagung ... und Christus die gottlosen Pharisäer auf Moses Stuhl will gehöret haben als die gottlosen Lehrer, so sollen wir uns viel weniger Ekel machen, sondern Gott richten lassen ihr böses Leben und uns ihr göttlich Wort dennoch gefallen lassen. Denn sind sie böse, so sind sie ihnen selbst böse, lehren sie aber recht, so lehren sie uns recht ... Es ist nicht eine geringe Gnade, daß Gott sein Wort auch durch böse Buben und Gottlose gibt, ja es ist etlichermaßen gefährlicher, wenn ers durch heilige Leute gibt denn so ers durch unheilige gibt, darum daß die Unverständigen darauf hereinfallen und hangen mehr an der Menschen Heiligkeit denn am Wort Gottes. Dadurch geschieht denn größere Ehre den Menschen denn Gott und seinem Wort, welche Gefahr nicht ist, wo Judas, Kaiphas und Herodes predigen, wiewohl damit niemand entschuldigt ist in seinem bösen Leben, obgleich Gott dieselbigen wohl brauchen kann." (WA 26, 163f.)

Glaubwürdigkeit des Zeugen – Gott sei Dank ist der Herr der Kirche darauf nicht angewiesen! *Das* ist das Proprium christlicher Predigt.

Literatur

Die Bekenntnisschriften der evang.-luth. Kirche, Göttingen [7]1976

Brunner, E., Das Mißverständnis der Kirche, Zürich 1951

Dahm, K.-W., Beruf Pfarrer, München 1971

Friedrich, G., Amt und Lebensführung, Neukirchen 1963

Frör, K./ Maurer, W., Hirtenamt und mündige Gemeinde, München 1966

Heidland, W., Der Pfarrer – geretteter Retter, in DtPfrbl 1977, 3, 73–78

Heubach, J., Die Ordination zum Amt der Kirche, Berlin 1956

Josuttis, M., Praxis des Evangeliums zwischen Politik und Religion, München 1974

Pannenberg, W., Thesen zur Theologie der Kirche, München 1970

Ritter, A. M./Leich, G., Wer ist die Kirche? Göttingen 1968

Spiegel, Y., Art. Pfarrer, in: G. Otto (Hg.), Praktisch-theologisches Handbuch, Stuttgart [2]1975, 459ff.

III. UNSERE SÜNDE UND DAS UNVERKÜRZTE EVANGELIUM*

1. *Das Evangelium*

In der Einleitung eines landeskirchlichen Synodalpapiers[1] heißt es, wir müßten angesichts des neuen Fragens vieler Menschen nach der Kirche und ihrer Botschaft „bemüht sein, daß in Gottesdienst und Seelsorge *das Evangelium deutlich und unverkürzt* angeboten wird". Von daher erscheint es mir sinnvoll, zunächst einmal zu fragen: Was heißt „Evangelium"? Von der Beantwortung dieser Frage hängt dann auch die Beurteilung der Probleme ab, die das Papier als „Anlaß, der zu der Thematik führte," bezeichnet.

Nach Röm 1,16f. ist das Evangelium „eine Kraft Gottes, die da selig macht alle, die daran glauben . . . Denn darin wird offenbart die Gerechtigkeit Gottes, welche kommt aus Glauben in Glauben; wie den geschrieben steht: ‚Der Gerechte – aufgrund seines Glaubens wird er leben.'" Aus dem Zusammenhang (Röm 1,18ff.) wird deutlich, daß Paulus dieses Evangelium in Verbindung mit der Schöpfung sieht: Die Menschen haben Gott erkannt, aber wider besseres ‚Wissen' „ihr unverständiges Herz verfinstert" (21). Der Sündenfall, von Paulus hier anders als im Alten Testament konkretisiert (Röm 1,18 – 3,20) – abstrakter, nicht mehr in den Bildern von Adam, Eva und der Schlange, sondern im Hinblick auf menschliche Weisheit, die zur Torheit wird (22) –, macht ein neues „Gesetz" nötig (3,27), „des Glaubens Gesetz": „So halten wir nun dafür, daß der Mensch gerecht werde ohne des Gesetzes Werke, allein durch den Glauben." (3,28)

Was bedeutet dies alles für unsere Frage?

1. Es gibt tatsächlich die Möglichkeit, daß der Mensch den Weg des Gesetzes ‚erfolgreich' beschreitet. Das ist der Weg des Pharisäismus, des zu Hause gebliebenen Sohnes (Lk 15), der Arbeiter im Weinberg,

---

* Referat vor den Pfarrkapiteln Schopfheim und Hochrhein am 15. 6. bzw. 10. 10. 1977.

[1] Arbeitspapier zum Thema „Sünde – Vergebung – Beichte". Überlegungen und Anregungen zur Behandlung anläßlich einer ordentlichen Tagung der Bezirkssynoden im Jahr 1977. Das Papier geht auf die Landessynode der Evang. Landeskirche in Baden vom April 1975 (Verhandlungen S. 146ff.) zurück.

die kontraktgemäß arbeiten und den vereinbarten Lohn auch erhalten (Mt 20).

2. Auf diesem Weg ereignet sich jedoch die Grundsünde der Überheblichkeit, Selbstsicherheit und Scheinweisheit. Der Fromme ist sich der Liebe Gottes und seiner eigenen Gerechtigkeit als deren Voraussetzung sicher, aber er beneidet diejenigen, denen es gut geht, obwohl sie Gottes Gebote, den Vertrag, der Arbeit und Verzicht verlangt, nicht beachten. Ist ein Gott, der die Frevler ebenso ‚belohnt' wie die Frommen, nicht äußerst ungerecht? Die Grundsünde des ungelebten Lebens ist stets mit Frömmigkeit gekoppelt.
3. In diese durch die Theodizeefrage gekennzeichnete Situation bringt das, was Paulus Evangelium nennt, Licht: Wer am Weg der Gesetzesfrömmigkeit entweder scheitert, weil er dem Gesetz nicht genügt („Zöllner"), oder scheitert, weil er Gottes Gnaden-Logik für ungerecht hält und neidisch auf die ihr Leben wirklich lebenden „Sünder und Zöllner" blickt („Pharisäer"), dem bleibt nur der Weg des Glaubens „ohne des Gesetzes Werke", allein im Vertrauen auf Gottes Liebe, Großzügigkeit und allem Aufrechnen abholde Barmherzigkeit.
4. Das „Gesetz" spielt jetzt wieder die ursprüngliche Rolle: Es ist keine Bedingung für Gottes Liebe, sondern eine Hilfe und Orientierung zu verantwortlichem Leben, *relativ* gerade durch Gottes Zuwendung, die den Gesetzesbrechern ebenso gilt wie den ängstlichen Moralisten, den verlorenen Söhnen ebenso wie den zu Hause gebliebenen.

Aus dieser Skizze dessen, was Evangelium ist, ergibt sich nun die Möglichkeit, einige Aussagen des Arbeitspapiers kritisch zu befragen.

1. Wieso wird es als problematisch empfunden, daß Abendmahl und Beichte heute oft – wie in der alten Kirche – getrennt werden? Wenn das Abendmahl als Feier der gnädigen und uns am Leben erhaltenden Zuwendung Gottes, als Dankesmahl (Eucharistie) zu verstehen ist, braucht es *keinerlei* Bedingungen, die erfüllt sein müßten, bevor man ‚würdig' wäre zu seinem Empfang und zur Gemeinschaft der solidarischen Sünder. Gottes Gnadenwahl erfolgt ohne irgendwelche Vorgaben. Man muß sie nur dankbar annehmen, ergreifen, sich vertrauensvoll – glaubend, hörend, empfangend – ihr ausliefern.

2. Wieso wird das „Abhandengekommensein" von Einzel- oder Privatbeichte bedauert? Für den Umgang mit der Schuld sind dem einzelnen Christen keinerlei Vorschriften gemacht. Die Einzelbeichte ist zwar als Ritual mit kirchlich-agendarisch definierten Formen und Formeln (die gewiß eine große Hilfe sein könnten, wenn man darin er-

zogen wäre und damit umgehen könnte) *fast* völlig abhanden gekommen, aber weder das Bedürfnis nach Aussprache und Mitteilung von Schuld, Angst, Not und Hilflosigkeit noch die Möglichkeit des seelsorgerlichen Zweiergesprächs sind verschwunden. Die Statistiken zeigen gerade hier ein besonders starkes Interesse der Gemeinden *und* ihrer sogenannten Randsiedler. Es ist also eher zu fragen, woran es denn nun liege, daß die Kirche diesem starken Bedürfnis nur ungenügend entsprechen kann, *wenn* sie sich allzu sehr auf die überkommenen Formen von Beichte und Absolution festlegt, ihre überlasteten und verheißungsvoll arbeitenden Lebensberatungsstellen aber zunehmend mit Mißtrauen – weil dort zu viel Freiheit vermittelt und zu wenig konventionelle Moral aufrecht erhalten wird? – belegt.

3. Wieso werden Humanwissenschaften „einerseits" und „die Momente der Sündenerkenntnis und des Zuspruchs der Vergebung" „andererseits" einander in suggestiver und theologisch fataler Weise gegenübergestellt? Zur Durchführung der heißbegehrten (!) Seelsorge hat die Kirche sich stets ihrer Kenntnisse vom Menschen – also der jeweiligen zeitbedingten Psychologie – bedient, wie Dokumente aus allen Epochen der Kirchengeschichte beweisen[2]. Pastoralpsychologie heute ist absolut nichts Neues, und wer Luther kennt, wird wissen, daß unzählige seiner Formulierungen eine Einheit theologischer und psychologischer Kategorien darstellen (z.B. „sicut de Deo cogitas sic ipse"). – Was hat es aber mit der merkwürdigen Behauptung auf sich, daß „die Momente der Sündenerkenntnis und des Zuspruchs der Vergebung" zurückträten? Ich vermute, diese These läßt sich nur aufrechterhalten, wenn man von einem rein formalistischen und ritualistischen Beichtverständnis ausgeht und dem Gesetz statt des Evangeliums Priorität zuerkennt. Wo in der Kirche klar und eindeutig das Evangelium von der aller menschlichen Geschäftslogik („Weisheit") widersprechenden Gnade Gottes bezeugt wird – in Wort und zum eigenen Sündersein stehendem, also gerade nicht sich um die unmögliche reine Weste bemühendem Verhalten –, da ist die Kirche nach wie vor für sehr viele attraktiv. Wo man vorurteilsfreie und nicht moralisierende Annahme auch nur vermutet, steht man heute Schlange, z.B. bei Psychotherapeuten. Wir kirchlich-parochialen Seelsorger tragen schwer an dem Vorurteil – das wir leider oft bestätigt und auch schon internalisiert haben –, die Kirche sei eine staatlich geförderte Institution zur Aufrechterhaltung von Gehorsam, Ordnung und Moral. Der Durchschnittsbürger vermu-

[2] Vgl. u. a. W. A. Clebsch/Ch. R. Jaekle, Pastoral Care in Historical Perspective, Englewood Cliffs (Prentice Hall) 1964.

tet in uns Verbündete seines Überich, das ihn ohnehin schon hart genug verklagt; er sieht in uns also, theologisch gesprochen, Anwälte des Teufels. Und das ist in der Tat sehr schlimm. Sündererkenntnis fehlt dem heutigen Menschen keineswegs, was Luther „Anfechtung" genannt hat, kennt er zur Genüge. Was ihm fehlt, ist Vertrauen in eine Institution und ihre Vertreter, die ausgesprochen dafür da sein will, Befreiung und Erlösung als reale Möglichkeiten hier und heute (präsentische Eschatologie!) anzusagen. Wenn das Papier zugesteht, daß die Seelsorge durch die Humanwissenschaften „erhebliche Anstöße und Hilfen bekommen" hat, dann darf nicht verkannt werden, daß diese Hilfen zum Teil gerade darin bestehen, die Anfechtungen des modernen Menschen wahrzunehmen und anzunehmen, mit andern Worten: zu entdecken, daß und wie der Mensch heute seine Sünde erkennt und wie Vergebung heute übermittelt werden kann.

Impulse für Kleingruppenarbeit:

1. Was heißt für mich persönlich Evangelium?
2. Wo sehe ich bei meiner eigenen Arbeit die Gefahr einer „Verkürzung" der frohen Botschaft?
3. Was könnte ich tun, was könnten wir gemeinsam tun, um dieser „Gefahr" zu begegnen?

2. *Die Sünde*

Im Gegensatz zum Titel des Arbeitspapiers, der mit der Sünde beginnt, habe ich den ersten Teil unserer Arbeit vom Evangelium her zu gestalten versucht. Denn ich meine, es sei für Christen überhaupt nur unter der Voraussetzung legitim, sich mit der Schattenseite unserer Existenz zu befassen, daß wir dies als Getaufte, an die Vergebung und Erlösung durch Gott, die unserem Leben immer schon vorausgeht (!), Glaubende tun. Vom Glauben her nehmen wir uns die Freiheit, unser Sündersein zu erkennen und anzuerkennen. Vom Glauben her ist es uns erlaubt, der Gesamtheit der Welt, also auch dem Teufel, frei, mutig und als Subjekte – nicht Objekte – unseres Schicksals gegenüberzutreten. Weil Gott uns „en Christo" als dem „Erstgeborenen unter vielen Brüdern" (Röm 8,29) zu seinen „Erben", d.h. mündigen Söhnen und Töchtern, gemacht hat, darum brauchen wir uns nicht länger zu entschuldigen, wir seien eigentlich gar nicht so schlecht und doch auch ein bißchen moralisch akzeptabel. Wir sind *als* Sünder gut, als Böse Gott recht. Dies ist der Kern unseres Glaubens. Wäre dies nicht so, bedeutete eine Beschäftigung mit dem Thema Sünde selber eine Sünde. Denn dann hätte unsere Arbeit den Sinn, die Sünde genau zu orten, ihre Greuel mit lustvollem Abscheu genau zu beschreiben, um sie sodann im Interesse einer zweifelhaften Seligkeit angstvoll zu meiden. Die Faszination durch das Böse scheint gerade bei jenen extrem groß zu sein, die ständig vor seinen ‚Gefahren' warnen und dem, was sie so sehr fasziniert, als der großen Versuchung ausweichen, damit sie nachher Gott antworten können: „Meister, das habe ich alles gehalten von Jugend auf." (Mt 19,20) Gott wird jedoch reagieren: Das nützt dir nichts! „Verkaufe alles, was du hast." Gib deine Selbstgerechtigkeit auf, deinen erfolglosen Trend zur weißen Weste, und laß' dich fallen in meine barmherzigen Arme!

Geistlicher Reichtum, Frömmigkeit und bürgerliche Wohlanständigkeit, eingesetzt im Interesse ewiger Seligkeit und Gottwohlgefälligkeit, führen nicht nur zur Verurteilung der Brüder, sondern direkt in die Hölle. Sündenschnüffelei bei uns selber und bei anderen ist eine gefährliche Sorte unevangelischer Werkgerechtigkeit. Wer mehr am Bösen in der Welt, am Unglück, am Teufel und am Kreuz als einem Symbol des Todes interessiert ist als am Guten, am Glück, an Gott und an der Auferstehung, der macht aus dem Kreuz als einem Zeichen des Glaubens ein Symbol der Niederlage und des Unglaubens. Wem die „Gefahr einer Verkürzung des Evangeliums" bedrohlicher erscheint, als die Kraft Gottes, die uns zum Leben ermutigt, ihn aufzurichten vermag, der muß sich dringend nach jener Verkürzung des Evangeliums fragen lassen, die er selber im Bann der Angst vornimmt.

Was aber heißt nun „Sünde" überhaupt? Evangelium und Sündenerkenntnis stehen *nicht* einfach in einem Verhältnis von Not und Hilfe. Vielmehr handelt es sich um einen Zirkel: Gottes Liebe als Schöpfer- und Erlöserliebe geht der Sünde als menschlicher Eigenschaft voraus *und* sie geht der Sündenerkenntnis, die ja den Mut des Glaubens als Grundlage ehrlicher Selbstwahrnehmung voraussetzt (weil Gott mich als Sünder annimmt, muß ich nicht länger so tun, als wäre ich keiner), ebenfalls immer schon voraus. Die Sündenerkenntnis ist jedoch insofern selber Gnade, als sie die Motivation für unseren Glauben darstellt. Denn nur der, der sich als Sünder wahrnimmt, braucht Gottes Gnade.

Wenn Gottes Liebe unserer Existenz vorausgeht, dann – so folgert schon das Kind im Religionsunterricht – hat er uns eigentlich selbst als Sünder geschaffen. Ist das nun nicht eine Gotteslästerung, weil wir ihm die Verantwortung zuschieben? Nein, weil er uns nicht als zur Sünde gezwungene Geschöpfe gemacht hat, sondern als freie Wesen, die verantwortlich entscheiden können. Daraus ergibt sich die Sünde als eine

Möglichkeit, Mensch zu sein. Sünde und Freiheit des Menschen gehören untrennbar zusammen[3]. So verschiedene Theologen wie Karl Barth, Paul Tillich oder Karl Rahner sind sich doch darin einig, daß moralische Verfehlungen höchstens im Zusammenhang mit dem generellen Sünder- und Freisein des Menschen überhaupt als „Sünden" bezeichnet werden können. Wenn Luther gegen Erasmus trotzdem „vom unfreien Willen" sprach, so hat diese Beschreibung des Menschen ihren Sinn in der Erfahrung, daß dem Menschen offenbar gar nichts anders übrig bleibt als wenigstens teilweise auf Kosten anderer zu leben, Sünder zu sein und sich gegen das Kollektiv zu stellen und – nolens volens – aus der Gnade, die nicht durch Moral zu erwerben ist, zu leben. Dieses Paradox ergibt sich aus der Geschöpflichkeit des Menschen, der als Geschöpf aus der damit verbundenen Abhängigkeit heraus zur freien Partnerschaft mit Gott berufen ist. Insofern ist Sünde nicht Folge einer *mangelnden* Beziehung zu Gott, sondern Folge einer *vorhandenen* Beziehung zu Gott! Der Mensch, aus der paradiesischen Symbiose mit Gott entwachsen und entsprungen, ist nun von Gott getrennt, steht ihm gegenüber, ist entfremdet, aber gerade so zur Partnerschaft berufen. Als selbständiger Sohn, zeitweilig in der Fremde verloren (Lk 15), kann er umkehren und sich mit dem Vater aussöhnen – nicht einfach zurückkehren ins Kinderparadies, als wäre nichts geschehen, aber umkehren ins Vaterhaus als Erbe.

Zusammenfassung

1. Der Mensch ist *und bleibt* in diesem Leben Sünder. Gerade als solcher ist er Partner des gnädigen Gottes.
2. Der gnädige Gott liebt den Menschen bedingungslos.
3. Als Sünder und Gottes Partner ist der Mensch voll verantwortlich für seine Entscheidungen.
4. Buße heißt nicht Reue und Besserung, Buße heißt vielmehr Wahrnehmen meiner Freiheit und ihrer unausweichlichen Schattenseite, Erkennen und Anerkennen meiner Gleichzeitigkeit von Gut und Böse.
5. Aus dieser Wahrnehmung ergeben sich Angst, Unsicherheit, Zittern und der Wunsch nach Aussöhnung mit Gott und Menschen.
6. Verkündigung geschieht als Mitteilung der Gnade Gottes, als Hilfe zur mutigen Selbstwahrnehmung und als Annehmen des Partners

---

[3] Vgl. H. Ott, aaO. 168ff.

in der Kongruenz von Vergebungswort und (nicht beschönigendem) Verhalten.

7. Verkündigung darf niemals verstanden werden als zeitliche und methodische Abfolge von Gesetzespredigt (zur Zerknirschung und vermeintlicher Förderung der Selbstwahrnehmung) und Evangeliumsverkündigung. Auch der ‚bekehrte' Christ bleibt ja Sünder, der „täglich aus der Taufe kriechen" (Luther) muß.
8. Beichte bedeutet, die erschütternde Selbstwahrung des eigenen Schattens mit anderen zu teilen, zur Sprache zu bringen, heraus- und somit zuzulassen.
9. Vergebung (Absolution) bedeutet, dieser Mit-Teilung verstehend, tolerant, kritisch (ernst nehmend) und solidarisch zu begegnen, um im Namen einer alle menschliche Solidarität übersteigenden absoluten Instanz – Gottes – dem Partner zu bezeugen: Du bist zwar böse, aber als Böser von Gott angenommen. Deshalb bist du dennoch gut. Du bist also Böser und Guter zugleich – und das ist so in Ordnung!
10. Es erscheint mir als eine zweitrangige Frage, die in der Fachliteratur heute ausreichend beantwortet wird, *wie* diese Vorgänge um Predigt, Seelsorge, Beichte und Absolution zu gestalten sind, wenn nur klar ist, daß das Evangelium „unverkürzt" gerade nicht Gottes Interesse an unserer Sünde bedeutet, sondern seine Liebe und bedingungslose Toleranz, die alle menschliche Moral samt ihren Tat-Folge-Zusammenhängen auf den Kopf stellt. Das ist nicht zu verstehen, sondern zu glauben.

Impulse zur Nacharbeit

1. Was verstehe ich persönlich unter Sünde und wie unterscheidet sich das von dem hier vorgetragenen Sündenverständis?
2. Wie und wo begegnet mir Sünde in meinem persönlichen Leben und im Beruf?
3. Welche Möglichkeiten zur Mitteilung der Absolution sehe ich und wie will ich sie wahrnehmen?
4. Welche Gefühle und Gedanken löst der Satz bei mir aus: „Immer wieder den Aufstand gegen das schlechte Gewissen proben!"

Literatur

Demmer, K., Entscheidung und Verhangnis, Paderborn 1976
Gutsche, F. (Hrsg.), Mut zur Seelsorge, Wuppertal [2]1976

Hoch, D., Offenbarungstheologie und Tiefenpsychologie in der neueren Seelsorge, München 1977
Neidhart, W./Ott, H., Krone der Schöpfung?, Stuttgart 1977
Ott, H., Die Antwort des Glaubens, Stuttgart 1972
Pöhlmann, H. G., Abriß der Dogmatik, Gütersloh 1973

IV. „GEHT HERAUS! KOMMT HERVOR!"

Predigtmanuskripte

Aufruf zum Exodus – Jesaja 49,8–9

„So spricht der Herr: Ich habe dich erhört zur Zeit der Gnade und habe dir am Tage des Heils geholfen und habe dich behütet und zum Bund für das Volk bestellt, daß du das Land aufrichtest und das verwüstete Erbe zuteilst, zu sagen den Gefangenen: Geht heraus! und zu denen in der Finsternis: Kommt hervor!"

Liebe Gemeinde! Durch ihren Stellenwert als Abschiedsrede hat mich diese Predigt mehr als andere schon lange vorher beschäftigt und beunruhigt: Trotz aller verstandesmäßigen Gegenargumente meldete sich der Anspruch, ich müsse etwas Besonderes sagen, und dann fühle ich mich überfordert. Auf der Suche nach einem geeigneten Text schlug ich dann die Herrnhuter Losung für diesen Tag nach und empfand sie als einen hilfreichen Hinweis: Ich habe dich erhört, dir geholfen und dich behütet; nun gehe heraus aus dem Gefängnis deiner Ansprüche und Ängste und sage deinen Mitgefangenen dasselbe: Geht heraus, kommt hervor!

Das ist ein klares Konzept für unser Amt als Pfarrer, als theologische Lehrer, als Christen überhaupt: uns gegenseitig an Zeiten der Gnade und Tage des Heils zu erinnern, um von da aus einander zu ermutigen zum Aufbruch aus vielfältiger Sklaverei.

Freilich, die Freiheit beglückt nicht nur, sie ängstigt auch. Und mancher zieht die Sicherheit und Geborgenheit eines von Eltern überwachten Kinderzimmers der unübersichtlichen und verführerischen Freiheit vor. Der Wunsch nach Recht und Ordnung, nach Regelungen für alle Konfliktfälle und nach Sicherheit um jeden Preis bedroht unseren Lebensmut und unsere Risikofreude, ja letztlich unsere Humanität jeden Tag. Ich habe mir deshalb in meinem Arbeitszimmer eine recht christliche Karikatur – Geschenk einer ehemaligen Nonne – zur ständigen Warnung und Ermunterung aufgehängt: Darauf sieht man, wie um Mitternacht ein selbstbewußtes Schwein mit dem Schlüsselbund eines Wärters seinen Artgenossen die Stalltür öffnet. Viele verunsicherte Schweinchenrüssel schnuppern mißtrauisch die Luft der Freiheit; die Tiere scheinen sich zu fürchten und zu überlegen, ob sie sich nicht doch lieber weitermästen lassen statt unter den Gefahren der freien Wildbahn sich selber versorgen zu müssen; Kommentar des Schweins, das aufgesperrt hat: „Wenn ihr Schiß habt vor der Freiheit, dann bleibt in eurem Stinkstall und laßt euch verwursten!"

Die babylonische Gefangenschaft beginnt also nicht erst im Exil oder im Gefängnis sondern schon bei unserem inneren Konflikt zwischen Abhängigkeits- und Selbständigkeitsbedürfnissen, zwischen Wünschen nach Wärme und Gefüttertwerden einerseits und nach Freiheit und Veränderung andererseits. Der Gefängnisaufenthalt hat auch Vorteile für manchen Gefangenen, die dieser sehr wohl kennt und nicht selten sogar herbeizuführen sucht.

Das muß man sich einmal klarmachen, wenn einen die Frage verfolgt, warum denn in aller Welt Menschen über Menschen verfügen und das Grundrecht der Freiheit mit Füßen treten. Rechte sind nicht etwas, das man passiv einklagen kann, sie sind immer zugleich Pflichten, bringen Verantwortung, Konflikte und Risiken, wollen aktiv wahrgenommen und nicht von anderen erbettelt sein. Wo in aller Welt werden denn Rechte gegeben? Rechte werden immer genommen! Motzerei gegen die sogenannten Herrschenden hat noch nie viel gebracht; wer Veränderung und Befreiung will, muß es schon mit den Herrschenden aufnehmen. Er muß dazu den aus den realen Machtverhältnissen der Kindheit stammenden Wahn aufgeben, daß es Große und Kleine, Überlegene und Unterlegene, Bessere und Schlechtere gebe. Er muß begreifen, daß die Opfer der Gewaltanwendung immer mit den Tätern kooperieren, mag es auch noch so unbewußt sein. Wer herrscht, herrscht aus Angst vor dem Beherrschtwerden; wer beherrscht wird, läßt sich beherrschen aus Angst vor dem Selber-herrschen-Müssen.

Herrschende brauchen jene, die an ihre eigene Sklaverei glauben: Wer wie jener homosexuelle Theologiestudent bei der Kirchenleitung anfragt, ob sie ihn denn trotz seiner Problematik einzustellen bereit sei – er fragt natürlich aus purer Angst –, darf sich nicht wundern, wenn er – ebenfalls aus purer Angst – die Antwort erhält, dies sei unmöglich nach Paragraph sowieso und sowieso . . . Wer wie jener Pfarrer, dem man Amtspflichtverletzung vorwarf, jegliche Schuld und damit Eigenverantwortung bestreitet, tut dies aus eben jener Angst vor der Verurteilung, die das Schuld-Sühne-Schema der Ankläger bestätigt, statt es dadurch in

Frage zu stellen, daß man zu sich selber steht. – Es wird heute in der Kirche oft von „neuem Lebensstil" geredet. Und dann werden als Beispiele Autos mit kleinerem Hubraum, Spenden für karitative Konten, Einkäufe im Dritte-Welt-Laden u. ä. Harmlosigkeiten genannt. OK, ich habe gar nichts dagegen, und daß ich keinen Fernseher habe, liegt vielleicht auf derselben Linie. Aber zu einem echten Risiko für uns, und damit für einen Zuwachs an Freiheit relevant, würde ein neuer Lebensstil heute zum Beispiel erst da, wo wir ganz bewußt und solidarisch die immer totaler werdende Verrechtlichung unseres Lebens nicht mehr mitmachten, wo wir diese Art von Pseudodemokratie, die – aus purer Angst – ständig neue Gesetze und Verordnungen produziert und auch noch den kleinsten Konfliktfall im vorhinein regeln will, einfach ignorierten, wo wir allenthalben den Schutz der Anonymität, z.B. bei Abstimmungen, aufgäben und offen zu dem stünden, was wir meinen. Statt dessen soll unsere Feigheit immer mehr abgesichert werden, und die einstmals propagierte Informationstransparenz ist längst verschlossenen Türen gewichen, hinter denen die Entscheidergremien „vertraulich" ihre Entschließungen verabschieden. Was wir brauchen, sind persönliche Konfrontationen statt gesetzestextlicher Argumentationen, sind Kontakte statt Papieren, sind persönliche Standpunkte statt entpersönlichter Bezugnahmen auf das Kollektiv und seine „Bestimmungen".

Wenn meine Analyse der Angst vor der Freiheit stimmt, dann ist vor allem immer wieder Mut nötig. Im kirchlichen Sprachgebrauch reden wir an dieser Stelle vom Glauben. Nimmt die Christenheit ihren Auftrag in der Welt wahr, so tritt sie als Gemeinschaft wie in ihren einzelnen Mitgliedern in die Fußtapfen des Profeten: „. . . zu sagen den Gefangenen: Geht heraus, und zu denen in der Finsternis: Kommt hervor!" Aufklärung als „Ausgang des Menschen aus seiner selbstverschuldeten Unmündigkeit" (Kant) ist insofern eine zentral biblische Kategorie, Exodus und Ungehorsam gehören zur jüdisch-christlichen Tradition. Verfolgung ist eine Konsequenz dieser Freiheit zur Nicht-Anpassung, vom Pharao bis zu Hitler, von den Caesaren bis – zum Radikalenerlaß, aber auch zum Disziplinarrecht innerhalb der Kirche.

Der christliche Glaube setzt dem Aberglauben an die Bestimmung des Menschen zu ewiger Unmündigkeit im Schema von Oben und Unten das Ergreifen der „herrlichen Freiheit der Erben Gottes" entgegen, das freilich nicht nur Glück sondern auch „das Schwert" bringt. Diese Freiheit ist eine reale Möglichkeit. Begründet wird sie mit Gottes bedingungsloser Gnade, mit seiner Liebe und mit seiner Zuwendung am

„Tage des Heils". Dieser Tag des Heils liegt sozusagen immer schon in der Vergangenheit, auf ihn können wir immer schon bauen, von Gottes Gnade vor aller unserer doch immer wieder scheiternden eigenen Legitimation durch Leistung können wir immer schon ausgehen. Wer sich das getraut und von dieser Position aus seinen alltäglichen Umgang mit Autoritäten oder Untergebenen, mit Lehrern oder Schülern, Besseren oder Schlechteren wenigstens punktuell zu gestalten versucht, wird die Erfahrung machen, daß die Autoritäten ängstliche Untertanen sind, daß die Lehrer von Prüfungsängsten geplagt werden und daß die Besseren sich verdammt schlecht vorkommen. Er wird die Erfahrung machen, daß diese ganze infantile Beziehungsstruktur (von oben und unten) einen Wahn darstellt, der freilich tödliche Folgen haben kann, wie auch die Freiheit in Grenzen bleibt und den Tod nicht ausschließt. Wer „täglich aus der Taufe kriecht" (Luther) und ein bißchen Risikofreude im Umgang mit seinen Mitmenschen verwirklicht, wird feststellen, daß Liebe etwas anderes ist als durch Gehorsam und Anpassung erkaufte gute Zensuren, er wird Menschen finden, die voneinander wissen, daß ihre moralischen Qualitäten um keinen Deut voneinander abweichen, und die sich deshalb solidarisieren statt zu konkurrieren: Er ist auf dem Weg zur „Gemeinschaft der Heiligen".

Was also ist, so möchte ich zum Schluß fragen, die wichtigste Lektion, die man im Theologiestudium lernen könnte – und zugleich die schwierigste? Zu begreifen, daß die Tür des Gefängnisses schon lange offen steht, daß wir nicht mehr klein und unten zu sein brauchen, daß „Solidarität der Not" möglich ist und daß wir Geschwister statt Vätern und Müttern haben. Geht heraus, kommt hervor! Gott ist mit euch. Amen.

Nachbemerkung

Es handelt sich um meine Abschiedspredigt im Semesterschluß – Gottesdienst der Kirchlichen Hochschule Bethel am 14. 2. 1979 in der Betheler Zionskirche. Die Hörer waren zunächst einmal überwiegend Angehörige der Hochschulgemeinde, also Theologiestudenten, Dozenten und andere Mitarbeiter, zu deren Alltag Theologie und Kirche gehören. Über Lautsprecher konnten allerdings auch Patienten und ihre Betreuer in Kliniken und Pflegehäusern Bethels den Gottesdienst mitverfolgen.

Ich stelle diese Predigt an den Anfang dieser kleinen Auswahl, weil sie mit dem Propheten ein homiletisches Programm formuliert: Aufruf zum Exodus!

Die Einleitung unterscheidet sich von anderen dadurch, daß ich den Hörer veranlasse, *mich* aus *meiner* Situation abzuholen; es hätte ja auch Möglichkeiten gegeben, bei der – vermuteten oder zum Beispiel meditativ von jedem einzelnen wahrgenommenen – Situation des Hörers einzusteigen.

Inhaltlich stellt diese Einleitung keine Hinführung oder Vorbereitung des Eigentlichen, das erst später kommen soll, dar, sondern sie enthält bereits die Pointe, die im weiteren Verlauf der Predigt nur noch entfaltet wird.

Auch der sehr knapp gehaltene Schluß bringt nichts Neues, sondern beleuchtet die Eingangsthese noch einmal aus der Perspektive derer, die sich mit Sinn und Unsinn des Theologiestudiums wieder einmal ein Semester lang herumgeschlagen haben.

Verantwortung – für wen? – Galater 6,2

Liebe Hochschulgemeinde! „Auf der Suche nach einem geeigneten Text für diese Predigt stieß ich auf den Wochenspruch: „Einer trage des andern Last, so werdet ihr das Gesetz Christi erfüllen." Dieser bekannte Spruch eignet sich so recht für eine moralistische Standpauke zum Semesterende: „Wehe, Ihr habt Euch nicht genügend umeinander gekümmert! Wehe, einige unter Euch sind dieses Semester mit ihren Sorgen und Nöten allein geblieben! Wehe, Ihr habt mehr an Euch selber als an Eure Kollegen und Kommilitonen gedacht!" Nun möchte vielleicht einer darauf antworten: „Also, auf mich trifft das nicht zu! Ich habe mehr Zeit als ich eigentlich entbehren konnte darauf verwendet, mich um andere zu kümmern; ich habe mich von früh bis spät darum bemüht, andere zu verstehen; ich habe mich am Hochschulleben nicht nur als Konsument beteiligt; ich habe ständig gefragt, was von mir erwartet wird, und mich danach zu richten bemüht; ich habe mich für vieles verantwortlich gefühlt und mich fast über meine Kräfte für andere eingesetzt; ich bin den Ansprüchen, die an mich gestellt wurden, nicht ausgewichen, sondern war pflichtbewußt, gehorsam, ein Musterschüler meiner Lehrer, ein aufopfernder Dozent, ein engagierter Supervisor. Kurz, ich habe mich bemüht, ein um meinen Nächsten bekümmerter Christ zu sein!"

Darauf möge zunächst einmal – freilich in meinem Namen – der alte Goethe antworten, der wenige Tage vor seinem Tode 1832 eine scheinbare Binsenweisheit formulierte:

„Ein jeder kehre vor *seiner* Tür,
und rein ist jedes Stadtquartier.
Ein jeder übe *seine* Lektion,
so wird es gut im Rate stohn."

Hören wir dazu die unserem Wochenspruch folgenden Bibelverse:

„Denn wenn sich jemand läßt dünken, er sei etwas, obwohl er doch nichts ist, der betrügt sich selbst. Ein jeglicher aber prüfe sein eigen Werk; und alsdann wird er an sich selbst den Ruhm haben und nicht an einem andern. Denn ein jeglicher wird seine Last tragen."

Mir fällt dazu folgende Situation ein: Ein Kind läuft bei Regen ohne Mäntelchen auf die Straße; die Mutter oder der Vater kommt hinterher, ebenfalls ohne Mantel, und ruft: „Zieh Dir was an, Kind, sonst erkältest Du Dich!" Das Kind protestiert. Darauf die Mutter beleidigt: „Ich mein' es doch nur gut mit Dir!"

Manchmal kommt mir die christliche Kirche (auch in ihrer Diakonie) so vor, als bestünde sie aus lauter Leuten, die für *andere* Vater oder Mutter sein möchten – in dem eben am Beispiel skizzierten Sinne – und gleichzeitig selber bemuttert oder väterlich geführt werden wollen. Ich denke an das – durchaus umkehrbare – Verhältnis von Studenten und Dozenten, von CPT-Teilnehmern und Supervisoren, von Freunden und Freundinnen, von Partnern verschiedener Art. Einer will dem andern vorschreiben, was er zu tun oder zu lassen hat – selbstverständlich nur in dessen eigenem Interesse –, und von diesem doch auch wieder für sich hören, was er tun oder lassen solle. So wird das, was eine gesunde Beziehung zwischen Eltern und kleinen Kindern kennzeichnet, auf die Beziehung unter Erwachsenen übertragen. Und hier führt es zu manchmal grotesken Situationen. Gewiß, so waren früher die Beziehungen in Familie und Gesellschaft durchweg strukturiert, und Reste finden sich im Beamtenstaat, in kirchlichen Organisationen, an Hochschulen und in Gremien aller Art. Jeder rührt dann im Topf des andern herum. Was hat er davon? Nun, daß er den Inhalt seines *eigenen* Kochtopfs *nicht verantworten* muß, daß er zudem den anderen herumkommandieren und obendrein noch Beschwerde einlegen kann, wenn bei ihm selber etwas nicht klappt: Es war ja das Rezept des andern. Genau darum stellen wir Riesenansprüche an immer die andern: die Professoren, die Kirchenleitungen, den ‚Staat', aber auch die Studenten, die höheren Schulen, die nicht leisten, was wir uns von ihnen als den Zubringern für die Hochschulen erwarten, usw. Darum wollen wir das Studium lieber als Aufnehmen fremder Konzepte verstehen, die wir dann kritisieren können, denn als Erarbeiten einer eigenen Konzeption; darum zitieren wir in der Wissenschaft lieber andere Autoren, wo es darum ginge, selber Position zu beziehen; darum wählen wir uns in manchen Gruppen und Situationen einen ‚verantwortlichen Leiter', der eine Rednerliste führt und den Laden letztlich zusammenhalten soll, weil wir nicht jeder für sich selber unser ‚verantwortlicher Gesprächsleiter' sein wollen, der abschätzt, wann er sich ins Gespräch einschalten will und kann und wann nicht. Und die Folge: überlastete Leiter, die, wenn sie mitspielen, sich dadurch ruinieren, daß sie unsere Lasten tragen, wo sie schon mit ihrer eigenen ausgelastet wären.

„Einer trage des andern Last!" – So wird das doch oft verstanden: Bischöfe übernehmen Verantwortung für ihre Pfarrer, Professoren für ihre Studenten, Direktoren für ihre Mitarbeiter, Studenten für ihre Lehrer, Ärzte für ihre Patienten (die angeblich selbst dazu nicht in der Lage sind), Pfarrer für ihre Gemeindeglieder, Gemeindeglieder für sogenannte Randsiedler usw. usf.

Vielleicht sagen Sie: „Ich weiß gar nicht, was Du hast, Stollberg. Das ist doch völlig in Ordnung. Wo kämen wir hin, wenn dieses Grundgebot der Nächstenliebe mißachtet würde?!" Ich meine, ich spreche von einer *Perversion* christlicher Nächstenliebe. Man vergesse nicht den leicht zu übersehenden engeren und weiteren *Kontext* unseres Wochenspruches! Man kann tatsächlich den anderen benützen, um in scheinbarer Selbstaufopferung seine eigenen Schwierigkeiten zu bearbeiten. Jemand kann nicht ertragen, daß manches nicht so läuft, wie er sich das vorstellt. Hier muß Ordnung geschaffen werden, denkt er. Die andern kämen ganz gut ohne zurecht! Jemand kann nicht ertragen, daß ein anderer sich anscheinend in Gefahr begibt; er erlebt sich selbst als gefährdet, und um diese Angst loszuwerden, zwingt er dem Partner seine Weise auf. Bei Kleinkindern mag das manchmal sinnvoll sein, bei Erwachsenen erscheint mir diese Art der Beziehung problematisch. „Ein jeglicher prüfe sein eigen Werk; und alsdann wird er an sich selbst den Ruhm haben und nicht an einem andern." (v.4) Wie anders sähen wohl unsere Prüfungen aus, wenn ein jeder Student das begriffen hätte! Wie anders sähe das Studium aber auch aus, wenn ein jeder Dozent – ich nehme mich nicht aus – das immer vor Augen hätte!

Was nützt es einem Kind, wenn seine Eltern ihm alle Lebensmühe abnehmen, ihm seine Hausaufgaben schreiben, es zur Schule bringen, obwohl ein relativ sicherer Radweg vorhanden ist, usw.! Ist das Nächstenliebe? Was nützt es einem Studenten, wenn seine Lehrer auf nichts anderes als auf seine Schonung bedacht sind und nur eines im Sinne haben, ihm seine Lasten abzunehmen! Ist das Nächstenliebe? Was nützt es einer Freundin, deren Freund sie verlassen will, wenn er den Mut dazu nur dann aufbringt, wenn er ihre Zukunft gesichert und sie in den Armen eines Freundes weiß, den er ihr verschafft hat! Ist das Nächstenliebe? – Es ist pure Eigenliebe, die dem andern die eigene Entlastung aufzwingt. Es ist pure Feigheit, die sich selber dem andern nicht zuzumuten wagt und eigene Verantwortung für das ablehnt, was dem andern vielleicht wehtut, weil es ehrlich und die ganze Wahrheit über mich ist! Es ist eine ungeheuerliche Überheblichkeit, die sich da zuweilen unter dem Deckmantel christlicher Verantwortung breitmacht und unsere Beziehungen vergiftet. Verantwortung ja! Aber Verantwortung für das, was ich bin und nicht bin, nicht für das, was der *andere* hat oder nicht hat!

Das scheint mir rechte christliche Verantwortung zu sein. Denn Gott verlangt nicht von uns, daß wir als der Riese Atlas die ganze Last der Welt auf unseren Schultern tragen und uns daran überheben. Solche Art von Überheblichkeit kommt nicht aus der frohen Botschaft von Gottes Liebe zu uns sündigen und schwachen Gestalten, sondern aus der tötenden Botschaft des Gesetzes, das von uns verlangt, daß wir uns den Himmel verdienen. Das „Gesetz Christi" sieht anders aus: „Denn ein jeglicher wird seine Last tragen." (v.5) In der Gemeinde Jesu ist es möglich, daß ein jeder sein eigenes Leben verantwortet, auch und gerade da, wo er sich lieber schämen möchte. In der Gemeinde Jesu ist es möglich, Sünder zu sein. In der Gemeinde Jesu ist es möglich, daß ich meinen Beitrag zum Leben der Gemeinschaft direkt und persönlich einbringe. In der Gemeinde Jesu ist es möglich, daß ich nach meinen eigenen Normen lebe! In der Gemeinde Jesu herrscht Autonomie statt Heteronomie!

Wo das in Zweifel steht, ist eben nicht Gemeinde Jesu! Freilich, eines darf hierbei nicht vergessen werden: „Ihr aber, liebe Brüder, seid zur Freiheit berufen. Allein, sehet zu, daß ihr durch die *Freiheit* nicht dem *Fleische* Raum gebet, sondern durch die *Liebe* diene einer dem andern." (Gal 5,13) Wo die Freiheit zur Willkür pervertierte, wo das reine Lustprinzip herrschte, da entstünde Destruktion. Durch die Liebe weiß ich, daß ich auf andere angewiesen bin. Durch die Liebe erfährt meine Freiheit Grenzen. *Meine* Liebe setzt aber *mir selbst* Grenzen, *nicht dem*, den ich liebe! Das ist ein gewaltiger Unterschied. Es ist der Unterschied zwischen fressender und freilassender Liebe, zwischen besitzergreifender Affenliebe und freier Partnerschaft. Es kommt darauf an, daß wir *Gott* als den erkennen, der uns *als Partner* liebt. Gott verlangt von uns keine Atlas-Hybris, sondern er gestattet uns, daß wir uns auf unsere eigenen Lasten beschränken. Gerade dadurch vermögen wir dem andern das zu sein, was er so dringend braucht: ein Mensch, der ihm solidarisch begegnet, der ihn liebt, ohne ihn aufzufressen, der ihn ernst nimmt auch da, wo die Wege auseinanderführen.

Übrigens – gestatten Sie mir diese Bemerkung zu einer aktuellen Frage –, das ist ein Generalthema der Gruppendynamik. Es sollte auch ein Generalthema unter uns Christen sein! Amen.

Nachbemerkung

Wieder eine Betheler Semesterschluß-Predigt (vom 11. 7. 1974). Jenes Hauptmotiv vieler, Theologie zu studieren, ein Aspekt des sog. Helfersyndroms (W. Schmidbauer), hatte mich im Kontext der „Stadt der Barmherzigkeit" und meiner speziellen Aufgabe der Seelsorge-Ausbildung besonders zu interessieren begonnen.

Als Einleitung dient einfach die Problemstellung. Bereits im zweiten Absatz versuche ich, die Lösung anzudeuten. Wie in der vorigen Predigt wird dieses Exposé im folgenden nur noch ausgeführt und an ausgewählten Problemkreisen aus dem Hochschulleben konkretisiert.

Der Schluß ist wieder kurz. Er soll die theologische Kernaussage noch einmal zusammenfassen: Der Glaube an einen partnerschaftlichen Gott ermöglicht Partnerschaft zwischen Menschen.

Am meisten gefreut hat mich das spontane positive Echo eines Kollegen, der das Fach neutestamentliche Exegese vertritt.

Was Gott uns gönnt – Lukas 12,22–32

Liebe Hochschulgemeinde! Wir können zu Semesteranfang mehr an unsere *Wünsche* oder mehr an unsere *Ängste* denken, wir können ferner mehr unsere *Sorgen* oder mehr unsere *Hoffnungen* wahrnehmen und wirksam werden lassen. In dem Begriff der *Sorge* kommen Wünsche und Ängste zusammen: Wir machen uns Sorgen, weil wir dies und das wünschen; und wir machen uns Sorgen, weil wir dies und das fürchten. Was fürchte ich? Was wünsche ich mir? (Ich möchte ein wenig schweigen, damit jeder Zeit hat, sich in der Stille selber mit diesen Fragen zu beschäftigen.)

Wir können mit dem, was uns eingefallen ist, verschieden umgehen. Eine Möglichkeit ist die, *dafür zu sorgen,* daß das Befürchtete möglichst nicht eintritt und daß das Gewünschte möglichst Wirklichkeit wird. Etwas „macht uns Sorgen (sorgen)" heißt ja sowohl: es verursacht in uns Besorgnis, als auch: es veranlaßt uns, aktiv zu werden, eben zu sorgen. Wofür möchte ich in diesem Semester sorgen?

Ich möchte jetzt noch ein paar meiner Einfälle zur Frage nach *unseren Sorgen* nennen: Wir sorgen uns um die politische Zukunft unseres Staates, in diesen Wochen besonders. Wir sorgen uns um Sicherheit und Ordnung. Wir sorgen uns – neuerdings auch als Theologen – um unsere

Arbeitsplätze. Wir sorgen uns um Geltung und Erfolg: Kann ich konkurrieren? Was bin ich wert im Vergleich zu anderen? Bin ich dem Leistungsdruck, den wir übrigens vor allem selber in uns erzeugen, z.B. indem wir uns mit anderen vergleichen – bin ich diesem Druck gewachsen? Und so weiter! Eine letzte Frage, die viele bewegt: Werde ich geliebt und werden meine Versuche, zu lieben, angenommen?

In diese Situation hinein redet Jesus uns an: „Sorget nicht . . ." (Lk 12,22–32)

Hier erfahren wir, *was Gott uns gönnt*. Es heißt ja nicht etwa, wir sollten uns keine Sorgen machen, weil Essen und Trinken, Kleidung und Geld überflüssig oder gar verboten seien. Nein: *Weil* Gott uns dies und noch viel mehr – nämlich die königliche Pracht der Lilien, ja das königliche Reich seiner Freiheit – gönnt, *darum* braucht uns die Angst, nichts oder zu wenig zu bekommen, dies oder das zu verlieren und dieses oder jenes nicht zu erreichen, nicht vom Wesentlichen abzuhalten.

Was ist das Wesentliche für Christen? Als *Ziel* scheint es mir nichts anderes als was es für Nichtchristen auch ist: Unsere menschliche Sehnsucht richtet sich auf ewiges Glück – die Bibelübersetzungen nennen es oft „Seligkeit" –, auf Ruhe und Geborgenheit, Liebe und Lebendigkeit, auf Befriedigung unserer Wünsche und Minderung unserer Ängste.

Das Ziel unserer Sehnsucht ist gleich, die *Antwort* auf diese Fragen fällt verschieden aus. Wie erreicht man das Ziel, welchen Weg soll man einschlagen? Den des ängstlichen Hinterherjagens, des Kampfes, der Leistung und der Moral?

Dieser Weg wird in der Bibel als der Weg des Gesetzes beschrieben, als der Weg, auf dem es die Pharisäer versuchten, als der Weg jener rechtschaffenen Arbeiter im Weinberg, die vertragsgemäß arbeiten und vertragsgemäß ihren Lohn empfangen (Mt 20). Klare Ziele, klare Bedingungen und dann ein klares Streben nach deren Erfüllung: „Nach solchem allen trachten die Heiden in der Welt; aber euer Vater weiß wohl, daß ihr des alles bedürfet." (30)

Nicht „solches", wonach wir mit den Heiden zusammen „trachten", ist schlecht, sondern der Weg dazu wird in Frage gestellt: das Selber-dafür-sorgen-Wollen. Natürlich murren jene fleißigen Arbeiter im Weinberg, wenn der Herr den Zu-spät-Gekommenen genau so viel bezahlt. Natürlich murren die Frommen, wenn Gott die Sünder gelten läßt.

Ja, soll man denn nun – im Hinblick auf unser Semester etwa – die Hände in den Schoß legen und faulenzen, weil's der Herr den Seinen ja sowieso im Schlafe gibt (Ps 127,2)? Gewiß nicht! Aber es ist ein großer

Unterschied, ob ich aus Angst arbeite, um nichts zu versäumen, oder aus Freude, weil mir das, worum es letztlich geht, versprochen ist. Das eine Mal bedeutet das Arbeiten hoffnungsloses Hinterherjagen, Sisyphusarbeit, das andere Mal hoffnungsvolles Ergreifen und Zupacken. Das eine Mal geht es um ein Haben im Sinne von krampfhaftem Festhalten, das andere Mal um ein Haben, als hätte man nicht. Bei manchen sogenannten Mystikern kann man von absichtsloser Absicht, von ziellosem Verfolgen des Ziels und Ähnlichem lesen. Ein wenig herabtransponiert auf die Ebene unseres Semester-Alltags könnte das vielleicht heißen: arbeiten, als spielte man, lernen und lehren, ohne die Prüfungen tierisch ernst zu nehmen, den Stoff behandeln, ohne sich vom eigenen Perfektionismus abhängig zu machen, konferieren, als unterhielte man sich mit Freunden (mit denen man auch gut streiten kann), und überhaupt: so zu arbeiten, als hätten wir alle unsere Ziele schon erreicht und bräuchten sie nur noch ein wenig nachzuarbeiten.

Christliches „Trachten nach dem Reich Gottes" hängt nicht ab vom Erreichen irgendwelcher Ziele, christliche Arbeit hat ihren Wert in sich selber. Das einzige Ziel, das Reich Gottes, *ist* schon erreicht, „in Christus", wie die Kurzformel unter Christen lautet. Christliches Trachten nach Gottes Reich heißt also letztlich: Annehmen dessen, was uns angeboten, „verheißen", ist, und Loslassen dessen, was *wir* nicht mehr besorgen müssen. Gibt es Dinge, Personen, Ideale, ehrgeizige Pläne oder anderes, wovon ich spüre, daß es am besten loszulassen wäre?

Freiheit ist hier und heute eine Möglichkeit, wenn wir uns auf sie einlassen und sie zu ergreifen wagen.

Und die Zensuren, die Lehrstühle, die Pfarrstellen, die tausendfachen Abhängigkeiten und Bedingtheiten individueller und gesellschaftlicher Art? Wer gibt uns Garantien gegen die Zwänge? Niemand, auch Gott nicht! Das einzige, was er fordert, ist Vertrauen, *Glauben*, Risikofreude und Lebensmut. Dies bedeutet, daß es für uns alle reicht, wo wir unsere Angst, zu kurz zu kommen, aufgeben und zuversichtlich das tun, was am nächsten liegt. Unsere Angst verbaut uns unsere Chancen, weil sie uns für diese blind macht. Glauben heißt Verzicht auf Garantien und ein Stück unverfrorener Zuversicht, ein Stück unverschämter Frechheit dem Leben gegenüber zu entwickeln. Denn: die Königsherrschaft, das Reich, die Vollmacht, das Subjekt-Sein statt des Objekt-Seins, *ist uns zugedacht.*

Arbeiten heißt dann: uns so gut wie möglich ausbilden dafür, daß wir das, was uns zugedacht ist, auch ergreifen können; uns so gut wie möglich dafür ausbilden, daß Gott selbst uns als gut trainierte Werkzeuge benützen kann. Er wird es tun, wenn wir Ihn lassen.

Liebe Kommilitonen und Kollegen! Vielleicht kommt Ihnen das alles doch recht schwärmerisch vor. Aber ich predige ja auch mir selber. Und ich glaube, daß etwas daran ist, dem Sorgen den Abschied zu geben. Ich möchte für dieses Semester wünschen, daß es uns wenigstens punktuell gelänge, ein bißchen loszulassen, Abstand zu gewinnen, uns selber weniger als Verursacher und mehr als Verhinderer oder, hoffentlich, als Empfänger unseres Glücks zu verstehen und unser ganzes Tun und Lassen für doch recht relativ zu halten. Gott ist größer und weiß, daß wir allerlei, nicht zuletzt auch Erfolgserlebnisse, brauchen. Ihm zu vertrauen ist daher das Wesentlichste. Amen.

Nachbemerkung

Die Eröffnungspredigt für das Wintersemenster 1977/78 versucht, die jedem Neubeginn innewohnende Wünsche-Ängste-Ambivalenz bewußt wahrgenommener Zukunft anzusprechen. Die Studenten beschäftigten sich damals besonders mit ihrer Angst um künftige Arbeitsplätze angesichts der viel beschrienen „Theologenschwemme". Den Predigttext habe ich gemäß einem immer wieder geübten Brauch erst nach der einleitenden Problemstellung verlesen, gleichsam als biblische Antwort, um dann sofort meinen theologischen Skopus zu benennen: „. . . was Gott uns gönnt." Predigtabsicht ist, bewußten Umgang mit der Ambivalenz zu fördern und Mut zum Vertrauen zu wecken. Dabei soll das, was ist, nicht weggeredet, sondern als Tatsache akzeptiert und so gesegnet werden.

Von Liebe und Haß – I.Johannes 3,13–20

Liebe Gemeinde! Am Anfang dieser Predigt möchte ich jeden einzelnen unter uns fragen: Gibt es einen Menschen in Ihrem Leben, den Sie *uneingeschränkt* lieben? –

Eine zweite Frage: Fällt Ihnen jemand ein, den Sie hassen, den Sie umbringen könnten, der Ihnen zuweilen unerträglich wird? – Vielleicht sind manchem jetzt zwei Personen eingefallen, vielleicht ist manchem auf beide Fragen er selber eingefallen, vielleicht ist manchem auf beide Fragen auch dieselbe gleichzeitig geliebte und gehaßte Person in den Sinn gekommen:

Er dachte:

Ich liebe meine Frau, aber manchmal hasse ich sie auch, so daß ich sie am liebsten los wäre;

ich liebe meine Kinder, trotzdem gehen sie mir zuweilen so auf die Nerven, daß ich sie am liebsten los wäre;
ich liebe meine Kollegen, doch zuweilen möchte ich sie allesamt auf den Mond schießen;
ich liebe meine Patienten, doch zuweilen möchte ich am liebsten keinen mehr von ihnen sehen;
ich liebe meine Ärzte und Pfleger, doch manchmal kann ich sie gar nicht leiden;
ich liebe meine Eltern, doch bin ich ihnen auch aus mancherlei Gründen böse . . .

Stellen Sie, lieber Hörer, sich Ihre eigene Liste solcher Art zusammen! –

Vielleicht ist Ihnen auch *Gott* eingefallen:

Ich liebe Gott, doch manchmal ist es, als wäre er gar nicht da; warum hat er mich diesen Weg geführt, warum ist er so ungerecht, warum hat er die Welt nicht besser gemacht als sie ist? Ich liebe Dich, Gott, *und* ich hasse Dich; für mich bist Du – jedenfalls manchmal – tot!

Unser heutiger Predigttext handelt von Liebe und Haß im Leben der Christen.

Wenn wir unser Leben genauer beobachten, können wir die Erfahrung machen, daß wir *sowohl* lieben *als auch* hassen, ja daß wir manchmal zwischen Liebe und Haß gar nicht so leicht unterscheiden können und daß schließlich beide auch gleichzeitig auftreten. Es besteht ein geheimnisvoller Zusammenhang zwischen diesen beiden Möglichkeiten. Der Psychologe nennt diese Erscheinung „Ambivalenz" und er weiß – man höre und staune! – daß wir Liebe in Haß und Haß in Liebe gleichsam umkippen lassen können. Darüber ließe sich viel sagen, aber das ist jetzt nicht meine Absicht. Machen Sie Ihre eigenen Entdeckungen!

Wichtig für das Verständnis des Evangeliums scheint mir jedoch die Tatsache, *daß* wir beide Möglichkeiten in uns tragen und daß wir tatsächlich in unserem Leben *gleichzeitig* Liebende und – wie unser Text sagt – Totschläger sind. Luther drückte diese Erfahrung so aus: Wir sind *simul* iusti ac peccatores. Gerechte und Sünder zugleich. Wir tragen offenbar gleichzeitig das Zeichen des Kain an unserer Stirn und dürfen trotzdem wissen, daß Gott auf unser Leben so liebevoll und wohlwollend herabsieht wie auf das Opfer Abels.

Manch einer, der Christ geworden, zum Glauben gekommen ist, meint, nun müsse er den Rest seines Lebens frei von Sünde leben, er müsse den Weg der Heiligung gehen und den alten Menschen hinter sich lassen. Und er ist sehr erstaunt, ja vielleicht sogar deprimiert darüber, daß der alte, unbekehrte, frühere Mensch in ihm auf allerlei Schleichwegen wieder hochkommt – falls er es merkt und nicht einen Teil seiner Wirklichkeit abstreitet. Denn diese Realität sieht so aus, daß wir als Gottes Geschöpfe, als seine Kinder, als Mitglieder seiner Familie doch auch die Werke des Teufels tun, als Kinder des Lichtes Werke der Finsternis, daß wir als Menschen, die tatsächlich das Feuer der Liebe in sich brennen lassen können, doch zugleich einen dunklen Schatten werfen, der zu uns gehört. Und wer meint, als Christ müsse er ganz licht, ganz rein und heilig sein, der steht in der Versuchung, wie einer zu leben, der mitten im Zentrum einer verkehrsreichen Stadt behauptet, es gebe keine Autos – weil er die nämlich nicht mag und sich eine ruhige Fußgängerzone erträumt –: Was passiert mit ihm? Er wird bald überfahren.

Die *Gefahr* besteht nämlich darin, daß wir die vielen Hinweise auf die Liebe, die in der Bibel stehen, als ein *Gesetz* verstehen: Willst Du Gott gefallen, so mußt Du ihn und Deinen Nächsten lieben! Verstehen wir die Bibel so, dann muß uns angst und bange werden, denn: wer kann dann selig werden! Es bleibt uns nur die Möglichkeit, so zu tun, als gäbe es den Teufel, als gäbe es den Haß in unserem Herzen nicht: Ich war *früher* böse, *jetzt* bin ich bekehrt; *ich* liebe meine Mitmenschen, auch wenn *die anderen* sie hassen; *ich* bin im Licht, *jene* sind in der Finsternis; „ich danke dir Gott, daß ich nicht so bin wie die andern Leute, Räuber, Ungerechte, Ehebrecher – oder auch wie dieser Zöllner" (Lk 18,9–14). Solche „Bekenntnisse" hört man ja leider auch in der Kirche. Ja, wer unter uns neigte nicht dazu! Wenn wir unsere Liebe als Bedingung für Gottes Liebe zu uns mißverstehen, dann müssen wir die Realität leugnen, denn auf jeden Fall wollen wir zu Gott gehören und seine Forderungen erfüllen. Wir müssen so tun als ob, wir müssen schein-heilig werden.

Auch in unserem heutigen Text wird ja die Nächstenliebe als Erkennungszeichen der Christen genannt: „Wir *wissen*, daß wir aus dem Tode in das Leben gekommen sind; *denn* wir lieben die Brüder. Wer nicht liebt, bleibt im Tode." (14) Im Tode wollen wir nicht bleiben, also müssen wir Gutes tun und „lieben". Die Gefahr ist groß, daß wir Gott als Befehlshaber verstehen und uns als die, die aus Angst vor Strafe zu gehorchen haben. Also tun wir unsere verdammte Christenpflicht und entwickeln eine Betriebsamkeit der Barmherzigkeit, opfern uns auf für andere, werden dabei aber bitter, weil wir uns laufend *überfordert* fühlen, weil wir mehr ausgeben als wir haben. Das ruiniert uns auf die

Dauer. Es mag erklären, warum mancher alte Christenmensch, der sein Leben im Dienst am Nächsten aufgeopfert hat, im Alter so mürbe und bitter wirkt.

Freilich kann es auch anders sein. Und Sie mögen Gegenbeispiele anführen. Denn: *Liebe ist etwas anderes!* Liebe bezeichnet eine *Beziehung,* in der *wechselseitig* gegeben und genommen wird. Wo Liebe herrscht, da gebe ich dem Partner, weil es mir selber Spaß macht, weil auch ich etwas davon habe. Wo Liebe herrscht, da passiert etwas zwischen den Beteiligten. Und die Erfahrungen aus der Eheberatung zeigen, daß nicht etwa jene Ehen besonders gefährdet sind, in denen es ab und zu mal „dramatisch zugeht" – das mag sogar wie gegenseitiger Haß aussehen –, sondern jene Ehen, in denen beide Partner nicht mehr miteinander reden, miteinander wirklich Kontakt haben, in denen sich die Partner gleichgültig geworden sind. Wo die Beziehung unterbrochen ist, wo nicht mehr gegeben und genommen wird, da lauert der Tod, der mit der Liebe unvereinbar ist.

Wer aus Gehorsam gegen ein mißverstandenes Gebot, wer aus Pflicht wider seine Neigung Liebe üben will, der wird allerlei Ideale und Normen aufrichten, die ihm sagen sollen, was Liebe sein müsse: z.B. niemals streiten, ewige – fade – Harmonie, Einigkeit um jeden Preis, Schmerzlosigkeit der Beziehung, dem andern Entscheidungen und Verantwortung abnehmen – und ihn damit ungewollt beherrschen –, sich selbst verleugnen, ganz für den Partner dasein – wehe, wenn der aber nicht so für mich da ist! Lieben hingegen heißt An-greifen, Kontakt aufnehmen, Lieben heißt dem Partner Widerstand bieten, ihm ein Gegenüber sein, Lieben heißt auch nein sagen können, Lieben heißt: mich dem andern aus Vertrauen zumuten, ihn ernst nehmen und daher die Konfrontation mit ihm riskieren! So kann Rücksicht, Schonung oder Stillschweigen, wo ich lieber protestieren möchte, purer Egoismus sein, weil ich mich und meinen tatsächlichen Zustand dem anderen vorenthalte, weil ich ihm nichts zutraue. Augustin, der große Vater im Glauben, sagt: „Dilige et fac quod vis – liebe, und tue dann, was immer du möchtest: schweigst du, so schweige *aus Liebe*, schreist du, so schreie *aus Liebe*, züchtigst du, so züchtige *aus Liebe,* schonst du, so schone *aus Liebe!*" Man kann das offenbar auch alles *ohne* Liebe tun, und dann ist es nichts wert, wie auch Paulus (1.Kor 13) festgestellt hat: Was nützt einem Kind eine Mutter, die ihm jeden Wunsch erfüllt, weil sie arbeiten geht und Geld hat, wenn das Kind eines entbehren muß: die tägliche Mutterliebe! Was schadet es einem Kind, wenn es hie und da ein paar Ohrfeigen bekommt, weil die Mutter sich nicht alles bieten lassen will, wenn sie schon den ganzen Tag mit ihm umgeht – was schaden die Ohrfeigen, wenn das Kind nur eines bekommt: die Zuwendung seiner Mutter persönlich! Da kann es auf manche Spielsachen, manches Eis und manchen Luxus verzichten! Und geht es uns Erwachsenen nicht genauso? Wenn uns jemand mag und wir ihn persönlich kriegen, sind wir in der Lage auf vieles zu verzichten, was scheinbar lebensnotwendig ist!

Der eigentliche Gegensatz zur Liebe ist nicht etwa der Affekt, den wir manchmal mit dem verwechseln, was in unserem Text „Haß" heißt, sondern das Fehlen der persönlichen Beziehung, die Gleichgültigkeit, die Kälte und Neutralität von Menschen, an denen uns liegt. Überprüfen wir in Bethel, in der sogenannten Stadt der Barmherzigkeit, einmal unsere „helfenden Beziehungen" auf ihren Gehalt an persönlicher Zuwendung, auf ihren Gehalt an Verständigung! Geld, Sachzuwendungen, Spritzen, Tabletten, aber auch theologische Sachinformation, Bibelstunden oder Ähnliches ersetzen doch nicht, was Liebe meint: den mühsamen persönlichen Kontakt, der sich echt auf den Partner einläßt und sich mit ihm auseinandersetzt!

Aber genau das wäre der Kontakt, der wechselseitiges Geben und Nehmen in Gang setzt; der der allgemeinen Über-Forderung wehren könnte und manchen Sachaufwand überflüssig machte! Das wäre echte Seelsorge – bei der der Seelsorger auch etwas bekommt. Denn: Zur Liebe gehört auch Lust! Zum Geben gehört auch das Nehmen.

Wenn ich meine Pflichtstunden auf Station nur mit Mühe und beim Skat absitze, sollte ich mir einen andern Job suchen, der mir mehr Spaß macht, denn ich kann nicht lieben ohne Freude daran! Das Problem christlicher Diakonie besteht z. T. darin, daß Liebe in lustlose Pflichterfüllung pervertieren kann. *Dabei verlangt Gott das gar nicht von uns!* Jeder Mensch *kann* nämlich lieben, und zwar da, wo er engagiert ist, wo sein Herz schlägt, wo er Freude empfindet! Wer sagt denn, daß es weniger christlich ist, sein Geld als Handwerker zu verdienen denn als Pfleger? Wer sagt denn, daß es weniger christlich ist, Schauspieler zu sein als Verwaltungsbeamter beim diakonischen Werk? Wer sagt denn, daß es Gott besser gefällt, wenn ich im schwarzen Talar auf der Kanzel stehe, wo ich doch eigentlich viel mehr Spaß am Erfinden technischer Raffinessen habe? Anders ausgedrückt: Möchten Sie Besuch von jemandem kriegen, der halt auch einmal wieder seiner Anstandspflicht nachkommt? Ich nicht! Aber ich freue mich sehr, wenn mich jemand besucht, weil er mich mag und weil er selber sich von diesem Besuch auch etwas verspricht. Die Vorstellung von der „selbstlosen Liebe" ist also recht mißverständlich. *Ich glaube, daß Gott jedem Menschen eine Chance gibt, zu lieben.* Gott hat nämlich jedem Menschen Neigungen und Begabungen gegeben, deren Verwirklichung ihm – dem Menschen – Freude macht. Und gerade da, wo er selber Freude empfindet, kann er Freude weitergeben. Wir sollten also nicht länger meinen, da oder da *müßten* wir Liebe und Freude empfinden, wo wir doch in Wahrheit einfach keine empfinden können und wollen, sondern wir sollten dort zu lieben anfangen, wo wir sowieso Freude und Liebe bei uns wahrnehmen können. Gott will keine diakonischen Berufsheuchler, sondern Menschen ,die Mensch zu sein wagen, die im Vertrauen auf Ihn und Seine Liebe riskieren, ihr eigenes Leben so zu leben, daß es ihnen Spaß macht. Wo wir uns das getrauen, da beschenkt uns Gott so, daß wir Liebe weitergeben können. Da ist dann das Verhältnis von Pflicht und Neigung, von Indikativ und Imperativ, wie wir Theologen sagen, wieder in Ordnung.

Vielleicht denken Sie nun: Wenn ich wirklich meine eigenen Wege ginge und das täte, was mir Spaß macht, dann wäre ich doch auf dem Weg der *Sünde*. Wenn ich meinen eigenen Neigungen folgte – folgte ich dann nicht dem *Teufel*? Auf diese Bedenken hin tut es uns gut, die Verse 19 und 20 zu lesen: „Daran erkennen wir, daß wir aus der Wahrheit sind und können unser Herz damit vor ihm stillen, daß, *wenn uns unser Herz verdammt, Gott größer ist als unser Herz und erkennt alle Dinge.*"

Wir haben einen großzügigen Gott, einen Gott, der keine Bedingungen stellt für seine Liebe, einen Gott, der gnädig ist und uns liebt, einen Gott, der kein Interesse daran hat, uns zu ruinieren durch Über-Forderung, sondern der uns am Leben erhalten will, wir haben einen Gott, der sich freut, wenn uns unsere Arbeit Freude macht und wenn uns unsere persönlichen Beziehungen Spaß bringen!

Unser Problem ist nur, daß wir unsere Lebensmöglichkeiten auch wahrnehmen, daß wir das Päckchen, das er gerade uns geschenkt hat, auch annehmen und aufmachen, anstatt immer woanders zu suchen und unsere eigenen Geschenke zurechtzumachen, indem wir irgendwelchen Gesetzen gehorsam sein wollen, die nicht die unseren sind. Wir sollten unsere Angst vor der Sünde und Strafe begraben und unsere uns anvertrauten Pfunde der Neigung und Liebe, der Freude und der tatsächlichen Begabungen wieder ausgraben, wo wir sie aus Lebens- und Sündenangst schon tief versteckt hatten. Wir sollten mit dem, was wir tatsächlich an Chancen haben, wie das Gleichnis von den anvertrauten Pfunden sagt, Geschäfte machen, also ein Risiko eingehen: das Risiko unseres eigenen Lebens der Freude und der Liebe – im Vertrauen darauf, daß *Gott* die *Sünder* liebt! Amen.

Nachbemerkung

Dieses ist eine Sonntagspredigt für die bunt gemischte Hörerschaft der Betheler Zionsgemeinde (gehalten am 23. 6. 1974). Kranke und Gesunde, Alte und Junge, Akademiker und Nichtakademiker, kirchliche und weniger kirchliche Bethel-Besucher haben zugehört.

Ich leite ein mit einer vielleicht nicht immer bewußt erlebten, aber wohl fast jedermann möglichen Erfahrung der Zusammengehörigkeit von Liebe und Haß und gebe damit dem Text bereits eine psychologische Deutung, die den Fokus der Predigt bestimmt.

Der Zusammenhang zwischen psychologischer Einleitung und Text bleibt zunächst für den Hörer unerörtert, bevor ich ihn zu Beginn des Hauptteils ausdrücklich benenne: „Unser heutiger Predigttext handelt . . ."

Auf die an die Hörer gerichteten Fragen folgten größere Schweigezeiten, um echte innere Aktivität der Hörer zu ermöglichen.

Was ist wesentlich? – Lukas 9,57–62

Liebe Gemeinde! Auf einer Tagung wurden die Teilnehmer aufgefordert, sich ihrem Nachbarn vorzustellen, indem sie je drei Dinge sagten, die sie an sich selber mögen. Eine ältere Dame, die in ihrem Leben sehr viel mitgemacht hat, sagte: „Ich bin stolz darauf, in meinem Leben zwischen für mich Wesentlichem und Unwesentlichem unterscheiden zu können."

Ich bewundere diese Frau und nehme es ihr ab, daß sie die Fähigkeit der Unterscheidung im Laufe eines schweren Schicksals erworben hat.

In unserer heutigen Perikope *unterscheidet* Jesus radikal zwischen *Wesentlichem* und *Unwesentlichem*: Wer das absolut Wesentliche in seinem Leben nicht versäumen will, der muß loslassen können, der muß bereit sein zum *Risiko* und zum *Verzicht*.

Was soll hier riskiert, worauf soll verzichtet werden?

Zweifellos geht es gerade nicht darum, das Leben voller Versuchungen und Möglichkeiten des Irrtums zu vermeiden. Zweifellos geht es nicht darum, sich durch asketische Leistungen die Weste rein zu erhalten und den Himmel zu verdienen. Es geht um das Risiko, im eigenen Leben Wesentliches vom Unwesentlichen zu unterscheiden und auf alle Garantien für Glück und Seligkeit zu verzichten. Das ist ein Risiko deshalb, weil ich selber diese Entscheidung und Unterscheidung treffen muß und weil mir keine Rezepte von Jesus mit auf den Weg gegeben werden, die mir den richtigen Weg garantierten. Wer dieses Risiko vermeiden will, indem er Askese im Sinne von Weltflucht und Lebensvermeidung betreibt, vergräbt sein anvertrautes Pfund und versäumt das Wesentliche. So ist die pedantische Korrektheit der Lebensvermeidung ein Hindernis für die Nachfolge Jesu.

Es gibt weitere Hindernisse:
Ich kann mich stundenlang über eine Beule an meinem Auto aufregen,
ich kann noch nach Jahren über eine Beleidigung gekränkt sein, die mir jemand zugefügt hat,
ich kann mich stundenlang mit meiner Steuererklärung beschäftigen und dabei großen Ärger entwickeln,
ich kenne Leute, die sich stundenlang darüber aufhalten können, was sie morgen essen oder einkaufen wollen,
ich kenne Menschen, die ihre Krankheit zum Lebensinhalt gemacht haben,
ich kenne welche, die ganz in ihrer Familie aufgehen und, wenn die Kinder das Haus verlassen, nicht mehr wissen, wozu sie da sind,
ich kenne Leute, die sind so ehrgeizig, daß sie praktisch keine Freizeit mehr haben: „Ich muß es noch schaffen!"

Die Leute, die Jesus nachfolgen wollten und darin den Sinn ihres Lebens erkannten, hatten auch ihre Probleme:
Der eine hing an seinem Reichtum,
der andere an seiner Heimat,
der dritte hielt Vater und Familie für wichtig,
und der vierte konnte sich noch nicht von dem lösen, was eigentlich schon hinter ihm lag.

Vielleicht kommen Sie, liebe Hörer, in diesem Katalog gar nicht vor.

Vielleicht denken Sie: „Die haben Probleme!" Sie hängen nicht an solchen Dingen, Sie haben Wichtigeres zu bewältigen. Das kann durchaus sein: Vielleicht haben Sie weder Reichtum noch Kinder, weder einen starken Bezug zu Ihrer Heimat noch liegt Ihnen viel an Essen und Kleidung. Aber: Haben Sie keine Sorgen? Glücklich, wenn Sie darüber hinaus sind – oder wenn Sie zur Zeit keine Probleme haben! Dennoch möchte ich uns eine Minute Zeit geben, um in uns Antworten auf jene Fragen aufkommen zu lassen, die meist nur mit Unbehagen ehrlich beantwortet werden:

Worin sehe ich hier und jetzt gerade mein Problem? Was regt mich zur Zeit auf? Was macht mich unfrei? (Es ist ein und dieselbe Frage, die jeder für sich selbst beantworten möge, wenn er will.)

Ja: Was macht mich unfrei? Das Merkwürdigste ist, daß die Freiheit selber auch zu einem Götzen werden kann, der uns unfrei macht: Wenn ich vor lauter Freiheitsdrang gegen alles anrenne, was mich irgendwie einschränkt, verbrauche ich viel Energie für den Protest und bin u. U. nicht mehr in der Lage, mir Freiheit da herauszunehmen, wo sie in meiner Situation durchaus zu verwirklichen wäre.

Wenn es nun so ist, daß praktisch alles zu einem Hindernis für die Nachfolge Jesu werden kann, dann erscheint doch die Frage berechtigt: „Wer kann dann selig werden?" Wie sollen wir überhaupt herausfinden, was in einem christlichen Leben wesentlich, was nicht wesentlich ist? Wo liegen die Maßstäbe für die von uns geforderte Unterscheidung?

In unserem Text lautet die Antwort: Der Maßstab ist das „Reich Gottes". „Trachtet am ersten nach dem Reich Gottes und nach *seiner* Gerechtigkeit, so wird euch solches alles zufallen." (Mt 6,33) Nun wäre es nur gut, wenn wir wüßten, wie dieses Reich aussieht, damit wir danach trachten könnten! Manche denken, es handelt sich um ein Reich von Ordnung, Moral und Harmonie. Andere wieder meinen, es handelt sich um Gerechtigkeit, Gleichheit, Brüderlichkeit. Manche ersehnen sich Gesundheit, Trost und Barmherzigkeit; andere dürsten nach Überwindung ihrer Einsamkeit, nach Fröhlichkeit, Gemeinschaft und Freiheit. Schließlich kennen viele den Wunsch nach Erkenntnis der Wahrheit.

Vergleicht man die vielen einschlägigen Texte des Alten und Neuen Testaments, so läßt sich feststellen, daß das Reich Gottes durchaus etwas mit diesen unseren Sehnsüchten und unerfüllten Wünschen zu tun hat. Gott hat uns sozusagen in unseren Sehnsüchten eine Ahnung von dem ins Herz gegeben, was in Seiner Schöpfung möglich wäre und wie wir sein könnten. Gestatten wir uns ein paar Sekunden Stille, um in uns hineinzuschauen: Wonach habe ich Sehnsucht? Was ist mein tiefster Wunsch?

Vielleicht ist Ihnen nichts sehr Tiefsinniges eingefallen. Ich finde das gar nicht schlimm, sondern verständlich. Aber: Auch in den scheinbar oberflächlichsten Regungen und Wünschen ist jene Dimension enthalten, die mit dem Reich Gottes zu tun hat. Gott ist gnädig: Das heißt, Er gestattet uns auch unsere Oberflächlichkeit und Vordergründigkeit.

Und damit sind wir nun wirklich bei dem, *worauf es ankommt.* Unser Text wäre gründlich mißverstanden, wollte man daraus eine Aufforderung Jesu zu radikaler asketischer Leistung, zum sog. Kampf der Heiligung oder Ähnliches entnehmen. Jesus will uns nicht zum Verzicht auf ein voll gelebtes Leben als Bedingung für die Seligkeit ermahnen, sondern hinweisen auf jene Freiheit, die das Gegenteil von Hektik und Schufterei im angeblichen Dienst am Reich Gottes bedeutet. Denken wir, um das besser zu verstehen, an die Erzählung von Maria und Martha (Lk 10,42): „... Martha, Martha, Du hast viel Sorge und Mühe. Eins aber ist not ..." Es geht nicht darum, daß wir noch mehr Anstrengungen unternehmen, um „mit Furcht und Zittern" unsere Seligkeit zu erarbeiten; es geht nicht darum, auf die Erfüllung unserer Sehnsüchte zu verzichten, wo Erfüllung möglich wäre; es geht nicht um Weltflucht und Vermeidung schmutziger Hände. Es geht vielmehr gerade darum, alles, was uns am Stillwerden, am Hören – wie die Bibel sagt –, am geduldigen Warten, am Leben im Hier- und -Heute hindert, loszulassen. Loszulassen ist gerade auch jener Arbeits- und Heiligungszwang, der meint, er müßte Gott die Arbeit abnehmen, und der uns Sorgen macht, wo wir uns getrost auf Gott verlassen dürften. Diese Hektik mag bei jedem anders aussehen, jene Angst um die Seligkeit, die uns durchs Leben jagt. Sie kann auch dogmatischer Natur sein: Als hätte Gott es nötig, daß wir kleinen Würstchen Ihn verteidigen, etwa indem wir für die reine Lehre kämpfen! Das Evangelium ist gerade darin Evangelium, daß es *andere* ‚Evangelien' toleriert: Man denke an das Gleichnis vom Unkraut unter dem Weizen! (Mt 13,24ff.)

„Eins aber ist not!" Das Reich Gottes sieht so aus, daß wir befreit werden von all jenen Bindungen, die wir für so wichtig halten, daß sie uns versklaven. Indem wir auf Gottes persönliche Liebe zu uns vertrauen dürfen, wird alles, was uns Sorgen macht, relativ: Es verschwindet nicht, es drückt uns nach wie vor nieder; aber es gibt doch auch Momente in unserem Leben, wo wir spüren: Darauf, daß ich mir Sorgen mache, kommt es gar nicht an; ich darf mich schütteln und frei fühlen. Das sind die entscheidenden Augenblicke! Sie weisen uns hin auf jene Möglichkeit, die in der Bibel „Reich Gottes" heißt. Christliche Askese bedeutet dann: Loslassen von allem, was mich versklavt, loslassen auch von jenem Irrglauben, der Bedingungen für die Seligkeit stellt, loslassen aber auch von jener ängstlichen Suche nach Erfüllung unserer Sehnsüchte, die uns gerade die Erfüllung verbaut.

Wie Maria, wie jene Männer, die Jesus nachfolgen wollten, dürfen wir scheinbar für wichtig Gehaltenes loslassen und vernachlässigen, um frei zu sein für das Glück des Augenblicks, um abzuwarten, wo wir versucht sind, rasch zu handeln, um zu hören, wo wir versucht sind, zu reden, um großzügig zu sein, wo wir versucht sind, pedantisch Kleinigkeiten wie Bedeutsames zu behandeln, um zu spielen, wo wir versucht sind, hektisch zu arbeiten, um Hoffnung zu schöpfen, wo wir versucht sind zu resignieren, weil unsere Hektik das Reich Gottes nicht näher bringt.

Ich fasse zusammen. Was ist wesentlich im Leben eines Christen? Die Antwort lautet: meist nicht das, was wir dafür halten! Alles, was wir aus Angst, nicht das Rechte zu tun, unternehmen, alles, was uns jagt und das Gefühl vermittelt, eigentlich am Leben vorbeizuleben, dürfte kaum wirklich wesentlich sein. Unsere unerfüllten Wünsche weisen uns hin auf das Reich Gottes und können uns doch versklaven. Patentrezepte gibt es nicht: Auch die Worte Jesu von der Heimatlosigkeit, von den Toten, die ihre Toten begraben, und von dem Pflüger, der zurückschaut, sind keine Direktanweisungen für uns. Was würde Jesus mir sagen, wenn ich Ihn fragte: „Meister, was soll ich tun, daß ich das ewige Leben ererbe?" (Lk 18,18 u.ö.) Wovon muß ich loslassen? – Jesus würde uns gewiß den schwachen Punkt zeigen, *aber* eins täte Er nicht: Er verachtete uns nicht, wenn wir traurig von dannen gingen, weil wir just *davon* nicht lassen könnten.

Denn eines allein ist wesentlich: Gottes Liebe hat uns zur *Freiheit* berufen, auch und gerade da, wo wir allein es noch nicht schaffen. –

Herr, schenke uns Mut, Möglichkeiten dieser Freiheit in unserem Leben zu entdecken und zu verwirklichen! Amen.

Nachbemerkung

Eine weitere Betheler Gemeindepredigt (vom 29. 6. 1975), die an einigen Stellen wieder Fragen an die Hörer im Sinne einer gelenkten Meditation enthält. Durch mehrfache direkte Anrede möchte ich den Hörer aktiv am Predigtgeschehen beteiligen.

Ich war in jener Zeit Rektor der Hochschule: Vielleicht hat das die Fragestellung, die den Duktus der Predigt angibt, unbewußt mitbestimmt.

Eingeleitet wird diesmal mit einer kleinen Begebenheit, den Schluß bildet ein Gebetssatz, nachdem die in der Einleitung angesprochene Unterscheidung noch einmal definitiv inhaltlich gefüllt worden ist.

Talent zum Risiko – Matthäus 25,14–30

Liebe Gemeinde! Heute am Volkstrauertag ist die Versuchung groß, daß wir in die Vergangenheit blicken: was wir alles gehabt und verloren haben, liebe Menschen, lieben Besitz, Gesundheit, Heimat, Jugend und noch mehr. Wir betrauern, wovon wir uns trennen mußten. Aber für den Christen gilt: „Wer seine Hand an den Pflug legt und sieht zurück, der ist nicht geschickt zum Arbeiter im Reich Gottes!" (Lk 9,62) Es ist zwar wichtig, woher wir kommen – man sollte seine Vergangenheit nicht verleugnen, sondern durcharbeiten –, aber Gegenwart und Zukunft dürfen darüber nicht zu kurz kommen: Wir leben jetzt, und Christsein heißt, sich in der Gegenwart befinden, nicht wie gebannt der Vergangenheit nachzutrauern, auch nicht sich einzubilden, bereits im Jenseits zu leben, wo Gott alle Tränen abwischen wird.

Unser Predigttext sagt uns zu dieser unserer Situation hier und jetzt

1. was wir nicht haben, nämlich Zukünftiges und Vergangenes,
2. was wir haben in der Gegenwart,
3. wie wir damit umgehen, und
4. welche Folgen unser Verhalten haben kann.

1. Das Gleichnis bezieht sich auf die Lage der Jünger, nachdem sie ihr Herr verlassen hat. Es geht ihnen wie Knechten, deren Herr für lange Zeit verreist ist: Sie sind allein zurückgeblieben, sie können ihn in schwierigen Krisen nicht fragen, sie müssen wichtige Entscheidungen ohne ihn treffen, sie haben selber die Verantwortung, und zwar nicht nur für ihr Privatleben, sondern für das Gut, auf dem sie ihr Herr zurückgelassen hat, und für das Geld, das er ihnen für die Zwischenzeit gegeben hat. Was kann da nicht alles schiefgehen, was kann man da nicht alles verkehrt machen, bis der Herr zurückkommt! Nicht einmal klare Arbeitsanweisungen hat er hinterlassen, auf die man sich berufen könnte, falls er nach der Rückkunft nicht zufrieden ist! „Mein Gott, mein Gott, warum hast du mich verlassen?" Das war der Aufschrei nicht nur Jesu am Kreuz, sondern auch der Jünger zwischen Karfreitag und Pfingsten, als sie sich ängstlich einschlossen, als sie trauerten über ihren verlorenen Herrn. Es war der Aufschrei vieler Christen seither, auch Martin Luthers in mancher Stunde der Angst und Anfechtung, auch unser Aufschrei in mancher Situation unseres Lebens; vielleicht ist es auch der Aufschrei der sog. Theologie nach dem Tode Gottes. Gerade am Volkstrauertag dürfen wir auch als Christen zugeben, daß für uns das Kreuz nicht nur ein Zeichen ewigen Glücks und immerwährenden Sieges über Verlust und Tod darstellt, sondern auch ein Zeichen dafür, daß immer noch Karfreitag ist, daß unser Herr verreist ist, ein Zeichen für den verborgenen Gott, den Deus absconditus, den Deus crucifixus! Es wäre eine Illusion zu meinen, wir könnten schon jetzt Gott von Angesicht zu Angesicht schauen, wir hätten Ihn gleichsam als Garantie für eine bessere Zukunft unter uns, als moralisches Gesetz, das uns klipp und klar sagt, was zu tun oder zu lassen sei, damit man in

den Himmel kommt, als richtige Theologie, die uns die „Wahrheit" verbürgt, als Kirche, die für unser „Seelenheil" sorgt, als Autorität, die uns – in welcher Gestalt auch immer – Verantwortung abnimmt. Nein, das Leben sieht anders aus; unser Herr ist fortgegangen. Wir müssen leben, etsi Deus non daretur (als wenn es Gott nicht gäbe)! Keine Garantien, keine Sicherheiten, keine Anrechte, keine Anweisungen, kein himmlisches Kapital fürs irdische Leben! „Selig sind, die geistlich arm sind, denn das Himmelreich ist ihr!" (Mt 5,3)

2. Haben wir also doch etwas, gerade indem wir nichts haben, indem wir nicht über Gott verfügen können wie über ein himmlisches Kapital? Offenbar wird denen, die auf geistliche, theologische und moralische, Sicherungen verzichten und der Leere standhalten, die das Schweigen Gottes in dieser Welt aushalten, die die Abwesenheit des Herrn ertragen können, das Himmelreich zugesprochen. Man kann darüber mancherlei Spekulationen anstellen: wo es sei, wann es käme, wie es aussähe usw. Betrachten wir doch einmal, was wir haben! Indem uns der Herr Verantwortung überträgt für die Zeit seiner Abwesenheit, gibt er uns zugleich große Freiheit. Er schreibt uns unser Verhalten nicht bis ins Detail vor, wir sind nicht festgelegt wie die Tiere; wir haben die Möglichkeit, uns selbst und unsere Verhältnisse zu verändern. Wir haben noch mehr: Der Herr läßt seinen Knechten nicht nur Freiheit bis zu seiner Rückkehr, sondern Geld – „Talente", wie diese Währung im Griechischen heißt – zurück. Gott hat uns alle irgendwie begabt, jeder hat Talent, jeder hat Chancen, auch wenn es nicht danach aussieht und wenn diese Chancen unterschiedlich bemessen sind; „jedem nach seinen Möglichkeiten", sagt unser Text.

Entscheidender jedoch als die sog. Begabungen ist jene geistliche Chance, die allein dem Christsein gemäß ist: Sie ergibt sich gerade daraus, daß wir Knechte sind, nicht Eigentümer, daraus, daß der Herr verreist ist und wir alleine sind, Ihn nicht sehen können, allein Verantwortung übernehmen müssen: „Nun aber bleibt: Glaube, Hoffnung, Liebe, diese drei; aber die Liebe ist die größte unter ihnen." (1.Kor 13,13) Das ist es, was wir haben: Die Möglichkeit, zu glauben, zu hoffen und zu lieben. Es ist die Möglichkeit, Mensch unter Menschen zu sein. Denn der Herr läßt uns nicht alleine zurück, sondern in der Gemeinschaft mit anderen, und es interessiert ihn, wie sich die Knechte untereinander verhalten; ja Er identifiziert sich mit den Schwächsten und Ärmsten unter ihnen.

3. Ist das wirklich alles? wird nun mancher fragen. Haben wir nicht mehr, z.B. die Gebote, unsere Fähigkeiten, Bildung, mehr oder weniger

Gesundheit, etwas Besitz, Wissenschaft, die Bibel, den Katechismus, die Familie – was haben wir nicht alles! Dies alles ist nicht entscheidend. Entscheidend ist allein, wie wir damit umgehen: Glaube, Hoffnung, Liebe – das ist eine Art, mit uns und der Welt umzugehen, unabhängig davon, was und wieviel wir haben an Gut und Geld, Intelligenz und Gesundheit, richtigem oder falschem Wissen.

Im Gleichnis werden jene beiden Knechte, die mit ihrem Geld spekuliert haben, als Vorbild hingestellt gegenüber jenem Knecht, der sein Geld einfach vergraben hat. Die beiden haben selbständig gehandelt und sie haben etwas riskiert. Der Dritte war konservativ: Er wollte sicher gehen, aufbewahren, erhalten; er hatte Angst vor dem Verlieren, Angst vor dem strengen Herrn, er war unselbständig, steckte voller Mißtrauen und wollte Garantien, wo ein Risiko nötig gewesen wäre. Während die beiden ersten Knechte ihr Geld auf die Gefahr von Verlust hin investieren und es erst einmal weggeben, hält es der Dritte fest. Um ein Risiko einzugehen, muß man etwas wagen, man muß Rückschläge einstecken, Vertrauen, Mut, ja Glauben haben.

Unsere Betheler Anstalten sind ein anschauliches Beispiel für die Geschichte eines solchen Risikos. Und auch heute ist der Glaube zweifellos dort, wo man Veränderungen riskiert, liebgewordenes Altes losläßt und Neues wagt; er droht dort zu verschwinden, wo man festhalten möchte und sich nicht trennen kann, wo man vergraben möchte, was man hat, aus Angst vor der Gefahr, alles zu verlieren, die ja tatsächlich vorhanden ist. Glaube gegen Sicherheit, heißt die Devise unseres Textes, der das mit einem antiken Sprichwort so ausdrückt: „Denn wer da hat, dem wird gegeben werden, und er wird die Fülle haben; wer aber nicht hat, dem wird auch was er hat genommen werden."

Allerdings ist nun hier nicht gemeint, man solle irgend etwas haben, sondern eben jenen Mut zum Risiko, zum Nichtshaben, zur Veränderung und zum Loslassen – im persönlichen wie im gemeinschaftlichen Bereich, den wir Glauben nennen: „Es ist aber der Glaube eine gewisse Zuversicht des, das man hofft, und ein Nichtzweifeln an dem, das man nicht sieht." (Hebr. 11,1) Der dritte Knecht hatte eine genaue Vorstellung, wie sein Herr sei, er war ein Theologe, der genau Bescheid wußte, oder einer, der sich keine Irrlehre aufschwatzen lassen wollte. Aber er übersah die Tatsache, daß er seinen Herrn aus der Entfernung gar nicht richtig beurteilen konnte, daß er ihn nicht vor sich sah, daß ihm nur Vertrauen und Hoffen übrigblieb. Er vergaß auch, daß er selbst Verantwortung zu übernehmen hatte, auch auf die Gefahr hin, daß sein Herr am Ende unzufrieden wäre, und daß er die Verantwortung nicht durch

Normen, die er dem Herrn unterstellte, auf diesen selbst abwälzen konnte. Festhalten, Altes bewahren, kein Risiko eingehen und keine Verantwortung übernehmen – das hängt offenbar zusammen. Es bedeutet das Gegenteil dessen, was Christen haben, das Gegenteil von Glauben und Hoffen, nämlich Angst vor der Zukunft, Rückwärtsgewandtheit, Mutlosigkeit. Wer um jeden Preis ein Heiliger werden will, der hat keinen Mut zum Sündersein: „Wo aber die Sünde mächtig geworden ist, da ist doch die Gnade viel mächtiger geworden! (Röm 5,20) Der dritte Knecht wollte seinen Herrn nicht verärgern, er hatte Angst vor ihm, deshalb wollte er ein konservierender Heiliger sein. Aber er erntete Zorn und Verdammung.

4. Damit sind wir nun bei den Folgen unseres Verhaltens bzw. unseres Umgangs mit unseren Möglichkeiten. Die Knechte werden ja danach beurteilt, wie sie sich verhalten haben und was sie an Erfolg, an Veränderung und Gewinn, aufzuweisen haben. Was haben sie den nun eigentlich getan, wenn sie glaubten und hofften? Sie haben geliebt! Wenn wir im 25. Kapitel des Matthäusevangeliums weiterlesen, so erfahren wir: „Ich bin hungrig gewesen, und ihr habt mich gespeist ..." oder: „Ich bin hungrig gewesen, und ihr habt mich nicht gespeist ..." (42f.) Und als jene, zu denen er das gesagt hat, ganz erstaunt fragen, Herr, Du warst doch gar nicht da?, bekommen sie zur Antwort: Ich war in Gestalt eurer Mitmenschen da, „was ihr getan habt einem unter diesen meinen geringsten Brüdern, das habt ihr mir getan" (40). Gott legt keinen Wert darauf, daß wir uns – wie einst die Pharisäer – aufgrund moralistischer Unterstellungen, die wir „Seinen Willen" nennen, bei Ihm in ein gutes Licht setzen wollen. Er zeigt uns den Mitmenschen, mit dem wir uns erst einmal auseinandersetzen, vielleicht auch versöhnen, jedenfalls aber beschäftigen sollen: Da ist eure Aufgabe, auf Erden, nicht im Himmel! Wer keine anderen Sorgen hat als Ketzer zu verfolgen, über der Reinheit der Lehre und über der Aufrechterhaltung guter Sitten zu wachen, und wer dem Bestand des Alten nachtrauert, der vergräbt sein anvertrautes Talent, seine Chance des Glaubens, der Hoffnung und der Liebe.

Volkstrauertag: Totengräbertag, Tag derer, die ihre Chancen vergraben, ihren Glauben, ihre Hoffnung, ihre Liebe! Könnte es nicht ein Tag sein, „die Toten ihre Toten begraben" zu lassen (Mt 8,22), wie Jesus sagte, und selbst Glauben, Hoffnung, Liebe wieder auszugraben, um damit zu arbeiten?

– Übrigens: Wir alle sind beides, die ersten beiden und der dritte

Knecht gleichzeitig. Gott helfe uns, daß wir den dritten Knecht in uns selbst in die Finsternis hinausstoßen können. Amen.

Nachbemerkung

Bei dieser, anläßlich meiner Einführung am 14. 11. 1971 in der Betheler Zionsgemeinde gehaltenen Predigt, habe ich den Hörern eine grobe Gliederung angegeben. Meistens nenne ich jedoch meine – stets vorhandene und genau am Rand des Manuskripts notierte – Unterteilung der einzelnen Predigtabschnitte nicht. Die Bekanntgabe der Gliederung kann ein Stück intellektuelle Durchsichtigkeit bewirken, bringt allerdings auch einen lehrhaften Ton in den Vorgang der Verkündigung. Im vorliegenden Fall gab mir diese „Didaktisierung" ein wenig mehr Sicherheit angesichts der unbekannten und mutmaßlich kritischen Hörerschaft.

Unser Dank und Gottes Treue – I. Mose 8,15–22

Liebe Gemeinde! Es führt wohl kein Weg vorbei an der Feststellung, daß diesmal Erntedankfest und Wahlsonntag zusammenfallen. Wie soll man das unter einen Hut bringen? Ich sehe da durchaus Zusammenhänge: Wählen heißt Einfluß nehmen auf unser und anderer Schicksal, heißt eine Entscheidung treffen und begründen, Wählen heißt kritische Solidarität in der Arbeit an einer gemeinsamen Zukunft. Und schon sind wir bei der Frage: Was davon haben *wir* in der Hand? Was fällt in unsere Verantwortung? Was fällt in *Gottes* Verantwortung? Und: Kann man das so alternativ auseinanderhalten, als spränge Gott immer da ein, wo unsere Verantwortungsfähigkeit und unsere Verantwortungsbereitschaft Lücken aufweisen?

Diese schwierige Fragestellung liegt jedenfalls durchaus in der Linie des Erntedankfestes: Wofür danken wir Gott eigentlich? Für das, was wir selbst erarbeitet haben? Für seine „Hilfe", wie wir sagen? Für das gute Wetter – und wenn es zu trocken war, wenn Erdbeben, Flugzeugkatastrophen, Kriege den Ertrag gemindert, ja vielleicht vernichtet haben, wenn die Wirtschaftslage die Firma bankrott gehen ließ? War das dann Gottes Strafe oder war es unsere Unfähigkeit oder war es gar beides?

Machen wir es uns nicht zu leicht mit dem Danken! Gott ist kein Wettergott. Damit will ich sagen, daß Gott nicht einfach da hilfreich einspringt, wo unser technischer Fortschritt versagt. Es gibt eben Dürrekatastrophen – und Gott hilft nicht. Es gibt eben eine ganze Menge unheilbarer Krankheiten – und Gott hilft nicht. Es gibt eben wirtschaftliche und politische Pleiten – und Gott hilft nicht. Es gibt eben unsagbare Schmerzen und Leiden in der Welt – und Gott hilft nicht.

Sagen Sie nicht gleich: „Ja, aber . . ." Lassen Sie diese enttäuschende Erfahrung so stehen: Gott ist kein Wettergott. Er zaubert nicht. Und weil er das nicht ist, will er auch keinen Dank um jeden Preis. Es gibt so etwas wie eine christliche Dankes-Ideologie. Da steht ein Pfarrersehepaar am Grabe seines 18jährigen Sohnes, der überfahren worden ist, und singt aus Leibeskräften „Nun danket alle Gott". Keine Träne! Die anderen Leute bewundern diesen „Glauben". Ist es denn einer? Verlangt Gott dieses Heldentum des Dankens von uns? Und wenn – ist das der Gott Noahs, Abrahams, Isaaks, Jakobs und Jesu Christi? Ich vermute, dieses Heldentum des Dankens verführt zu viel Heuchelei in der Kirche. Wo der Mensch als Sünder Gott recht wäre, wo Gott die Welt realistisch sieht und uns zu sehen erlaubt – „böse von Jugend auf" –, da wird oft die fromme Tünche scheinheiliger Dankbarkeit aufgesetzt, als fordere Gott solche Opfer der Realität.

Gott will aber keinen Pharisäer-Dank! Er verlangt von Noah nicht weitere Opfer und allerlei fromme Werke, damit er ihm gnädig sein könne, sondern er verspricht Treue bis ans Ende der Tage *unabhängig* vom Tun der Menschen.

Der Pharisäer, der in den Tempel geht und spricht: „Ich danke dir, Gott, daß ich nicht so bin wie jener Zöllner . . .", hat nicht begriffen, daß Gott einen *neuen* Bund geschlossen hat mit den Menschen – einen Bund, in dem böse Tat und Strafe, gute Tat und Lohn einander *nicht* mehr bedingen wie beim Sündenfall Adams. Der Pharisäer meint immer noch, Bedingungen der Seligkeit erfüllen zu müssen: „Ich faste dreimal in der Woche und gebe den Zehnten von allem, was ich habe." Es gibt auch den „umgekehrten" Pharisäer: Der leidet sehr an der Welt, an Krankheit, Krieg und dergleichen. Er weiß, daß er gesündigt hat, und kommt nicht los von dem Gedanken, daß Gott ihn nun bestrafe. Er überlegt, wie er Gott so danken, ihn so versöhnen könne, daß dieser ihn heilt und liebt. Ein Irrweg! Gott fordert keinen Pharisäer-Dank!

Wir müssen also nicht danken. Aber wir dürfen danken. Das ist ein großer Unterschied. Dieses Dürfen ist auch kein verstecktes Müssen. Das heißt, wir können es auch bleiben lassen, ohne daß Gott mit Repressalien droht.

Und gerade das ist ein Grund zur Dankbarkeit: Gott verspricht uns Treue, ohne Bedingungen zu stellen. Obwohl das Dichten und Trachten des menschlichen Herzens böse von Jugend auf ist – ja gerade deshalb, weil auf den Menschen kein Verlaß ist –, verheißt Gott eine dauerhafte Ordnung dieser Welt, verspricht er Sicherheit, Geborgenheit und Treue auf seiner Seite. Und er segnet Noahs Familie wie schon Adam und Eva: „Seid fruchtbar und mehret euch ..." (9,1) Damit hat bereits ein zweiter Akt der Schöpfung – eine „kainä ktisis", wie das Neue Testament sagt – begonnen. Der Mensch darf begreifen, daß Gott seine Gnade nicht von menschlichem Verhalten abhängig macht. Wenn man das gelegentlich gegen allen uns tief eingewurzelten Moralismus versteht, wird man sehr dankbar.

Diese neue Schöpfung ist also nichts Unerreichbares, sondern sie schließt Möglichkeiten für uns in diesem Leben ein. Wenn man Rükkendeckung hat, kann man frei nach vorne kämpfen, Welt gestalten und verändern, sich mit Brüdern und Schwestern auseinandersetzen, eine hier und da zu beobachtende pseudochristliche Zimperlichkeit im Umgang miteinander fahren lassen und mit weniger Angst unter die Menschen gehen. In dieser neuen Sicht auf die Welt ist z.B. politisch Lied kein garstig Lied mehr, sondern es gehört zu unseren Aufgaben. Kritik am Bestehenden, wo sie nötig ist, Aufbau von Neuem, Konfliktbereitschaft und vor allem mehr offene, argumentative *und* emotionale Auseinandersetzung statt Geheimdiplomatie und Verwaltungsmanipulation – das sind Möglichkeiten, nicht Tabus christlicher Mitverantwortung im Zeichen des Neuen Bundes, auch innerhalb unserer Anstaltspolitik. Widerspruch gegen hierarchische Beschlüsse, Aufstand und deutlich ergriffene Partnerschaft im Zeichen des allgemeinen Priestertums, wo bisher Untertanenschweigen oder -murren und Knechtschaft herrschten, kann sehr wohl anzeigen, daß der Neue Bund begriffen und ergriffen worden ist. Dafür kann man dankbar sein, dankbar also für Freiheit unter Menschen, wo vorher Unfreiheit herrschte.

Dankbarkeit empfinde ich aber auch dafür, daß mir immer wieder Menschen begegnet sind, die im rechten Moment bei mir waren, Leute, die ich anrufen konnte, wenn's mir schlecht ging, Menschen, mit denen ich Freude am Leben genießen konnte, wo es langweilig zu werden drohte, Menschen, die mir etwas von jener Treue vermittelten, wie sie in unserem Text von Gott bezeugt wird. Gewiß, Beziehungen zu anderen Menschen wollen erkannt, gepflegt, mutig durchgestanden und gelegentlich auch entschlossen beendet sein – und doch habe ich oft das Gefühl gehabt: „Dich hat mir gerade jetzt Gott geschickt!" Das ist wiederum kein Widerspruch – meine Aufgabe, Gottes Werk –, sondern es sind zwei Seiten derselben Sache: Meine Arbeit und ihre Früchte sind ein Geschenk von „außen".

Erntedankfest: Was haben *Sie* geerntet? Wo hat Gott Ihnen fruchtbaren Regen versagt, wo sind Sie unzufrieden?

Trösten Sie sich zunächst damit: Eine *Strafe* ist das, was Ihnen eingefallen ist, nicht! Denn: „Ich will hinfort nicht mehr die Erde verfluchen um der Menschen willen . . . Solange die Erde steht, soll nicht aufhören Saat und Ernte, Frost und Hitze, Sommer und Winter, Tag und Nacht," spricht Gott, der Herr. Amen!

Nachbemerkung

Den Einstieg für diese Gemeindepredigt (Bethel, 3. 10. 1976) suchte ich bei der aktuellen politischen Situation. Das, was vermutlich viele Hörer beschäftigte und was auch ein Element der Gemeinsamkeit bedeuten konnte, sollte nicht ausgeblendet werden.

Allgemeinverständlichkeit der theologischen Aussagen auf dem konkreten Hintergrund der manchmal vielleicht allzu selbstverständlichen Frömmigkeit einer Anstaltskirchengemeinde war eines der homiletischen Ziele.

Im vorletzten Abschnitt verwende ich den Ich-Stil, um gerade auf der Beziehungsebene keine vorschnellen Verallgemeinerungen und Vereinnahmungen zu praktizieren, trotzdem aber von Erfahrungen zu sprechen, die anderen vermutlich einfühlbar und konkret in ihrem eigenen Leben analog auffindbar sind.

Kurz vor Schluß stelle ich wieder eine meiner meditativen Fragen. Bei der Formulierung ist wichtig, daß nicht nur obligates Glück und gebotene Zufriedenheit, sondern auch Schmerz und Trauer, Unzufriedenheit und Konflikt mit Gott und den Menschen zugelassen und wahrgenommen werden können. Während dieser Predigt habe ich bei einzelnen Hörern eine starke emotionale Beteiligung (z.B. Weinen) beobachtet.

Gott hilft durch wenig – I.Samuel 14,6

Liebe Gemeinde! Der Spruch, den die Eltern des Kindes, das heute hier getauft werden soll, ausgesucht haben, steht im 1.Samuel-Buch, Kapitel 14, Vers 6: „Es ist dem Herrn nicht schwer, durch viel oder wenig zu helfen."

Wenn dieser Spruch in einem Taufgottesdienst am 1. Adventssonntag erklingt, dann kann einem eine Menge dazu einfallen, z.B.: Der große Gott kommt zu uns als ein kleines Kind, Er hilft uns viel durch wenig.

Vielleicht fragen wir an dieser Stelle einmal die Eltern selber, was sie sich bei der Wahl des Spruches gedacht haben: . . .

Unter allerlei Gedanken, die mir selber zu diesem Taufspruch gekommen sind, gefällt mir besonders der, daß Gott uns durch *Kinder* hilft: durch *kleine* und *nicht* nur durch *große* Leute, durch *unfertige* und *nicht* nur durch möglichst *perfekt* ausgebildete, *fertige* Menschen.

Ja, liebe Kinder, weil Ihr da seid, darum können die großen Leute besser leben. Jetzt wollt Ihr sicher wissen, warum. Dazu wäre vieles zu sagen. Nur einiges wenige: Ihr seid offen und ehrlich, fordernd und anspruchsvoll, Ihr seid manchmal guter und manchmal schlechter Laune, Ihr braucht viel Zeit und Geduld, Ihr seid weniger kontrolliert und daher echter, Ihr seid kritisch und Ihr zeigt den Erwachsenen, wie sie früher auch einmal waren. Wenn die Erwachsenen mit Euch umgehen, merken sie schnell, daß sie nicht vollkommen sind, daß sie Fehler machen und nicht so leben, wie ihre Ideale es ihnen vorschreiben. Ihr Kinder seid manchmal „lieb" und manchmal „böse" – und trotzdem müssen Eure Eltern zu Euch halten. So macht Ihr es mit ihnen ja auch: Manchmal findet Ihr sie doof und doch habt Ihr sie dabei lieb.

Gott geht es mit uns allen ganz ähnlich: Er hält zu uns, ob wir ihm nun gerade gefallen oder ob wir ihn enttäuschen. Und gemessen an unseren eigenen Idealen, liebe Gemeinde, enttäuschen wir Gott sicher oft, nicht nur in moralischer Hinsicht, gewiß auch in pädagogischer. Oder wer von uns Erwachsenen könnte schon behaupten, als Erzieher und überhaupt im Umgang mit der jüngeren Generation perfekt oder wenigstens befriedigend zu sein! Gott gibt uns Kinder. *Er zeigt uns damit zugleich seine Liebe und unsere Grenzen.* Er segnet uns *alle*, indem er eine neue Generation aufwachsen läßt, indem er uns die Aufgabe gibt, sie zu erziehen, ihnen zu geben, was wir haben – *einschließlich* unserer Fehler!

In diesem „Kinder-Segen" zeigt er uns aber auch unsere Grenzen noch in anderer Hinsicht: Wenn wir die Kinder erzogen haben, werden wir von ihnen abgelöst. Es kann ohne uns weitergehen. Wehren wir uns dagegen, indem wir sie nicht „groß werden" lassen?

Man kann in unserer Begrenzung durch den Kinder-Segen *auch* Gottes Gnade sehen: Gott sorgt für die Welt, indem er Leben schafft und uns beizeiten Ruhe gönnt: Wir dürfen loslassen und auf Gott vertrauen, der für uns alle sorgt. Wenn wir darin eine Chance sehen können, dann können auch wir unsere Kinder segnen. Segnen heißt:etwas nicht fürchten – etwa als bedrohliche Infragestellung meines eigenen Lebens –, sondern gelten lassen und ihm unser *Ja* zurücklassen, mit dem es uns überleben kann. Und dieses *Segnen im Abschiednehmen* beginnt sehr früh: schon mit der Geburt, die eine Trennung bedeutet.

Liebe Kinder, Gott hilft Euch zum Leben, weil er Euch Eltern gegeben hat, die vieles falsch machen und Euch trotzdem liebhaben.

Liebe Eltern, Gott hilft Euch zum Leben, indem er Euch Kinder gibt, die Euch viel Freude machen *und* manche Sorgen bereiten, die Euch Eure Grenzen zeigen und von Euch zunächst sehr abhängig sind. Ihr sollt Euch überflüssig machen im Lauf der nächsten 15 bis 20 Jahre und Eure Kinder beim dauernden Abschiednehmen segnen: Nehmt sie, wie sie sind, nehmt Euch, wie Ihr seid. Verzeiht ihnen und verzeiht Euch selber. So helft Ihr ihnen, wie Gott Euch geholfen hat und täglich hilft. Amen!

Nachbemerkung

Mit dieser Taufansprache stelle ich ein Beispiel einer Kasualrede zur Diskussion.

Die Taufe fand als sonntäglicher Gottesdienst der Hausgemeinde einer psychiatrischen Klinik statt (am 3. 12. 1978), an welcher der Vater des Täuflings arbeitet.

Ich selbst war im Unterschied zu den Eltern des Kindes in diesem Haus weitgehend unbekannt. Zu der etwa fünfzigköpfigen Gemeinde zählten Patienten, medizinisches Personal samt Chefarzt, auswärtige Gäste und befreundete Familien mit Kindern aus dem Ort. Das Vorgespräch mit den Eltern brachte mich angesichts der Fülle ihrer eigenen Gedanken und Motive für die Textwahl auf die Idee, sie zu bitten, der Gemeinde in wenigen Sätzen selber mitzuteilen, was ihnen an dem gewählten Taufspruch wichtig sei. Dazu waren sie bereit.

Wir haben also zu dritt gepredigt. Ich begann mit der Einleitung, dann sprachen Vater und Mutter nacheinander (zusammen etwa sechs Minuten), und dann schloß ich mit dem obigen Text.

Ich versuchte in dieser Predigt auch, die zahlreichen Kinder, die ja besonders gerne Taufgottesdienste besuchen, anzusprechen (wobei mir die relativ große Altersstreuung etwas zu schaffen machte). Sie sollten sich während der Rede nicht langweilen und auch uns Erwachsene nicht stören. Eine Sechsjährige zeigte sich noch Tage später davon beeindruckt, daß sie gehört habe, man habe sich auch dann lieb, wenn man einander gelegentlich doof finde.

Im übrigen sind meine Sätze in der Taufrede Niederschlag mancher Gespräche mit den Eltern, u. a. über ihre Fehler und Skrupel bei der Kindererziehung.

Leben in Zerbrechlichkeit – 2.Korinther 4,6–10

Liebe Gemeinde! Der Apostel Paulus spricht in unserem heutigen Predigttext

vom Licht,

von „irdenen Gefäßen" und
vom Leben.

Jetzt, wo die Tage wieder länger werden, freuen wir uns schon auf den Frühling. Wir hoffen, daß die Sonne wieder länger, öfter und stärker scheint, damit das Gras wächst und die Blumen hervorkommen. Wir selber sitzen auch 'mal ganz gern in der Sonne, und die meisten Leute finden Frühling und Sommer besonders schöne Jahreszeiten. Ohne die Sonne wäre es nicht auszuhalten – und ohne Licht schon gar nicht. Könnt Ihr Euch noch erinnern, wie es war, als neulich der Strom ausfiel? – In Kälte und Finsternis geht auf Dauer alles tot.

Genauso ist es mit unserem Herzen: Wenn nur Kälte und Finsternis drin wären, wäre das furchtbar. Aber wie Gott die Sonne gemacht hat, die alles Leben in unserer Welt ermöglicht, so hat er auch eine Sonne für unser Herz gemacht: die Freude und den Lebensmut und – die Fähigkeit zur Erkenntnis Gottes, der uns diese Freude schenkt. Paulus sagt, wir können wissen, wie Gott aussieht und wie er ist. Ja, wie denn?

Wie Jesus Christus! Und über ihn wissen wir einiges. Er war ein Mensch wie wir. Er war fröhlich, er war traurig. Er war vor allem barmherzig, liebevoll und großzügig gegenüber seinen Mitmenschen. *Sein* „Angesicht" ist *Gottes* Angesicht – ein Angesicht, aus dem uns Ermutigung, Vergebung und ewige Liebe anblicken!

Das ist ein „Schatz", sagt Paulus. Einen Schatz muß man hüten, damit man ihn nicht verliert. Wir haben den Schatz der Erkenntnis der Liebe Gottes aber nur in sehr zerbrechlichen Gefäßen, sozusagen in Tonkrügen, in „irdenen Gefäßen". Diese zerbrechlichen Gefäße sind wir selber – jeder einzelne von uns, aber auch wir alle miteinander, unsere Gemeinschaft, ja die christliche Kirche überhaupt. Wir wissen und erfahren es immer wieder, daß wir nicht aus Stahl sind, sondern eben aus Erde, daß wir keine stabile Gesundheit haben und leicht zerbrechen können. Jeder hier hat seine eigenen Erlebnisse mit Krankheit und Schwäche, mit Schmerzen, Ärger und Sorgen. Wie Jesus sterben mußte, so werden auch wir sterben müssen, denn wir sind aus Erde und werden wieder zu Erde. So sind wir sehr zerbrechliche Gefäße für den Schatz, den Gott uns gibt.

Aber wir sind doch „Gefäße": In uns ist etwas drin. Und das können wir ansehen, erfahren und darüber können wir staunen. Wir können es gleichsam ablesen am Antlitz Jesu Christi, den wir aus der Heiligen Schrift, aus vielerlei Erzählungen und auch aus den Gottesdiensten, die wir besuchen, kennen. Paulus beschreibt diesen Schatz auf verschiedene Weise, z.B.: Mut trotz Trübsal, Ausdauer trotz Angst, Beistand und Gemeinschaft trotz Verfolgung, Leben trotz Unterdrückung und sogar trotz – Tod. „Mitten im Leben" (V. 11) sterben wir immer wieder, sagt der Apostel, aber wir kommen doch nicht um. Wir sind krank und haben doch noch eine Chance. Wir sind traurig, aber haben noch Hoffnung. Wir sind manchmal verzweifelt, aber es gibt immer wieder Anlaß zur Freude. Wir müssen sterben, aber das Leben bleibt uns trotzdem.

Denn: Gott, unser Vater, will, daß es uns gut geht, daß wir Lebensfreude und Lebensmut haben auch im Leiden. An Ihn dürfen wir uns halten. Er verläßt uns nicht. Amen.

Nachbemerkung

Ich habe gelegentlich gerne in Betheler Kliniken und Pflegehäusern gepredigt. Das hier vorgelegte Manuskript wurde als Vorbereitung für einen Vormittag erarbeitet, an dem ich – wie dort üblich – zuerst in einem Haus für schwerstbehinderte anfallskranke Männer und dann in einer psychiatrischen Klinik (mit völlig unterschiedlicher Gemeindestruktur) Gottesdienst zu halten hatte (4. 2. 1979).

Die beiden Predigten wurden in freier Rede unterschiedlich gestaltet – auf der Basis der schriftlichen Vorbereitung. Denn das Kommunikationsverhalten und die Kontaktaufnahme beider Hausgemeinden ist grundverschieden. Jedoch würde das Papier – im Falle einer vom Manuskript vorgetragenen Rede – in beiden Fällen echte Gemeinschaft zwischen Prediger und Hörern stark erschweren.

Wichtig ist mir die Erfahrung, daß sehr einfach konzipierte und formulierte Predigten auch von Intellektuellen geschätzt und auch von den jeweils gesunden Gottesdienstteilnehmern dieser Häuser mindestens ebenso positiv beurteilt wurden wie hochgestochenere Reden für eine breitere kirchliche Öffentlichkeit. Andererseits kommt es darauf an, Kranke nicht zu unterfordern. Sie können, werden sie dazu ermutigt, durchaus über klischeehafte und andressiert wirkende Religionsstunden-Äußerungen hinauskommen, um eigene und individuelle Erfahrungen wahrzunehmen und zu artikulieren.

Einfach formulierte Predigten fördern den spontanen und emotionalen Kontakt zwischen Prediger und Hörern, mit zunehmender Intellektualität scheint der Kommunikationswert der Predigt jedoch abzunehmen.

Gott ist amoralisch – 1.Korinther 1,18–25

Liebe Gemeinde! In der Passionszeit blicken wir mit besonderer Aufmerksamkeit auf das Kreuz Jesu Christi. Was bedeutet dieses Marterinstrument der Antike, dieses Symbol der Todesstrafe, das zum zentralen Erkennungszeichen der Christen und zu deren Wappenfigur geworden ist? Und was bedeutet es für uns, für mich und Dich und für unsere Beziehungen untereinander?

Eine erste Antwort unseres Textes lautet: „Das Wort vom Kreuz ist eine Torheit."

Eine Torheit! Denn dieses Wort sagt: Gott ist ohnmächtig. „Die Welt" stellt sich Gott mächtig vor, allmächtig sogar, autoritär und totalitär. Nach dieser Vorstellung regiert Gott die Schöpfung souverän, und gegen Seinen Willen kann sie sich nicht wehren. Wer sich mit diesem Gott gutstellt, dem hilft Er gegen seine Feinde; wer Ihn ärgert, den straft Er hart. So sehen oft Kinder den „lieben Gott" – bis Er sie eines Tages enttäuscht. Dann fangen sie an zu fragen: Warum tut mir Gott das an, warum läßt Er mich im Stich? So ging es den Betern vieler Psalmen, so ging es den Jüngern mit Jesus, so ging es Jesus selbst am Kreuz: „Mein Gott, mein Gott, warum hast Du mich verlassen?" Ein ohnmächtiger Gott – eine Enttäuschung, ja eine Torheit!

Eine Torheit ist Er aber auch in anderer Hinsicht: Er ist zu amoralisch. Gott, wie fromme Kinder ihn sich auf einer bestimmten Entwicklungsstufe vorstellen, ist ein Moralist. Er achtet streng auf Anstand und Sitte, straft die Bösen, belohnt die Guten – bis man eines Tages entdeckt: Gott ist ja gar nicht so! Er läßt es auch den sogenannten Bösen gutgehen, oft besser als den ängstlich um eine reine Weste Bemühten und den Asketen. Gott scheint den Barbesitzer und seine Callgirls genauso zu lieben wie den Bibelstundenchristen, der noch nie so etwas „Verruchtes" wie ein Nachtlokal von innen gesehen hat, oder wie die „Zöllner" unserer Zeit, manche Politiker und Ärzte z.B., die uns ausbeuten.

Die „Weisheit dieser Welt" lautet: Wer Gutes tut, empfängt Gutes, wer Böses tut, empfängt Böses; jedes Verhalten zieht seine gerechten Folgen nach sich.

Diese Weisheit durchkreuzt Gott, der Schöpfer: So ist es ja gar nicht! Wer krank ist, hat nicht unbedingt vorher gesündigt; wer gesund ist, war nicht immer ein Muster an Tugend.

Die Weisheit der Welt ist übrigens keineswegs etwas Unfrommes – etwa das nur rationale, berechnende Denken von Wissenschaftlern. Die Weisheit, die Paulus meint, ist eine ganz bestimmte Art von Frömmigkeit, nämlich die des gesetzlichen Moralismus jener und unserer Zeit, innerhalb wie außerhalb von Kirche oder Religion. Für dieses Denken ist das Wort vom Kreuz Torheit: Was ist das für ein Gott, der sich nichts um Leistungen der Tugend, Sitte, Moral – und pflichtbewußter Nächstenliebe schert, sondern die Menschen *unabhängig* davon liebt! Hört man es im allgemeinen nicht ganz anders?

Eine zweite Antwort auf unsere Eingangsfrage nach der Bedeutung des Kreuzes lautet aber: Für diejenigen, die an diesen amoralischen Gott glauben, ist das Wort von Gottes Ohnmacht „eine Gotteskraft".

Warum? Wer unter seinem Ungenügen leidet, wer ein schlechtes Gewissen hat, weil er den moralischen Normen der „Gerechten" seiner Zeit – die er ja auch in sich selber sitzen hat – nicht genügt, wer weiß, daß er ein Sünder ist, der sucht Erlösung vom Zustand des Gepeinigtwerdens, der Verfolgung durch die Inquisition innerhalb und außerhalb seiner selbst.

Ihm sagt das Wort vom Kreuz: Gott ist auf Deiner Seite, selber verfolgt von den Frommen, ja von ihnen getötet – aber auferstanden für Dich! Du darfst sicher sein, daß Gott keine Ketzer verfolgt, daß Er sich mit Sündern an einen Tisch setzt, daß Er auf die ganze lebensfeindliche, angeblich christliche Wohlanständigkeit verzichtet. Er selbst hat Seine Gebote übertreten und damit gezeigt, daß der Mensch Herr der Ordnungen dieser Welt ist – und ihr Sklave nur, wo er sich selber dazu macht, aus Angst statt Glauben.

Nicht Gebote, sondern Freiheit bringt Jesus Christus in die Welt. Und aus dieser Freiheit für den, den sein Gewissen peinigt, erwachsen neue – menschliche und daher veränderbare – Ordnungen im Dienste des Lebens und der Liebe. Wem vergeben ist, der kann selber vergeben; wer Großzügigkeit erfahren hat, der kann selber großzügig sein. Er kann auf moralische Besserungsleistungen als Vorbedingung seiner Vergebung verzichten, weil sie ihm auch erlassen sind.

Dieses zu begreifen heißt: ein revolutionäres Prinzip – das Wort vom Kreuz, vom Verzicht Gottes auf repressive Macht – zu begreifen.

In unseren kirchlichen Verwaltungs- und Organisationsstrukturen – von staatlichen ganz zu schweigen – hat sich dieses Prinzip bisher kaum niedergeschlagen. Da wird kräftig moralisiert, diszipliniert und dogmatisiert, anstatt Mitbrüder und -schwestern freie Menschen sein zu lassen mit ihrer eigenen Verantwortung und eigenen Maßstäben. Wo das Wort vom Kreuz als Gotteskraft erfaßt wird – und das ist eben nicht nur ein kognitiver Akt, sozusagen Kopfsache –, sprengt es daher auch kirchliche Konvention und landeskirchliche Ordnungshierarchie. Das geht aber nicht irgendwo „oben" an, sondern bei jedem von uns „unten", weil es „oben" und „unten" so gar nicht mehr gibt. Und es beginnt nicht gewaltig, mit viel Lärm und Protestgeschrei, sondern leise, punktuell, täglich neu, mit vielen Versuchen und vielen Fehlstarts.

Das Wort vom Kreuz als Gotteskraft ist, so betrachtet, allerdings gefährlich – für alle Herrschenden und für alle, die gerne Verantwortung vermeiden. Wo kämen wir auch hin, wenn wir einen Gott anbeteten, der das Leistungsprinzip auf den Kopf stellt und gleichzeitig jeden einzelnen selber zur Rechenschaft zieht!

Für jeden aber, der unter den Ordnungen unseres Alltags leidet, kann genau dieser Gott die letzte Rettung sein. Er macht die Weisheit dieser Welt zur Torheit, indem Er die Nutzlosen, die Taugenichtse, die Faulpelze, die Genießer und – die Leidenden den Rechtschaffenen scheinbar sogar vorzieht als der liebende Vater, der Seinem verlorenen Sohn ein Fest gibt.

Den Frommen, den „Juden", ist das alles ein Ärgernis, den Klugen, den „Griechen", ist das zu unlogisch, denen, die von Frommen und Klugen verfolgt werden, den Sündern, die an diesen Gott glauben und sich auf diese Sicht der Dinge einlassen, ist es eine echte Hilfe.

Daß das so ist, kann den Frommen, die Wunder fordern, nicht aufgezeigt werden; auch für die Gescheiten, die Denker und Rechner, gibt es keine überzeugenden Argumente. Nur die Haltung, die die Bibel „Glauben" nennt, kann mit dem Wort vom Kreuz etwas anfangen. Wiederum zeigt sich darin Gottes Ohnmacht. Er beweist nicht, Er argumentiert nicht. Er macht sich abhängig vom Zeugnis – von der „Predigt" – von Mensch zu Mensch, von Kommunikation und Kontakt. Er übt keinerlei Druck aus und Er läßt sich auch nicht unter Druck setzen. Nicht durch Wunder – „Zeichen" –, nicht durch frommes Verhalten noch durch Wissenschaft kriegen wir Ihn in den Griff.

Was bleibt uns dann? Glauben! Glauben heißt: sich gegen das eingefleischte Leistungsprinzip, das von uns eine Rechtfertigung unseres Daseins auf dieser Welt verlangt, einlassen auf Lebensbejahung, Absage an die Versuchungen des Konkurrenzkampfs, sich wenigstens gelegentlich Ruhe, ja Faulheit genehmigen und für das Leben als Leben ohne Bedingungen dankbar sein. Man könnte Glauben auch anders beschreiben. Immer aber geht es um den Mut, sich fallen zu lassen. Das kann Angst machen. Aber wir dürfen uns mit Paulus trösten, der geschrieben hat: „So halten wir nun dafür, daß der Mensch gerecht werde ohne des Gesetzes Werke – allein durch den Glauben." Amen.

Nachbemerkung

Dieser Entwurf, den ich für eine Predigt in einer mir nicht genauer bekannten Ruhrgebietsgemeinde erstellt habe, gefällt mir, obwohl ich wenig darüber weiß, wie die Predigt (am 6. 3. 1977 in Kettwig) damals aufgenommen worden ist. In gewisser Hinsicht scheint mir dieses Konzept einen Gegensatz zum vorausgehenden darzustellen. Seine homiletische Brauchbarkeit dürfte stark begrenzt sein. Der theologische Abstraktionsgrad ist relativ hoch. Einige Stellen können provokativ wirken.

Ich stelle diesen Text an den Schluß dieses homiletischen Heftes, weil er noch einmal bündelt, worauf es meiner Ansicht nach in christlicher Predigt und beim Predigen der Christen ankommt.

Literatur zu Kap. I–IV

(Bücher, auf die in oder unter den Texten verwiesen wurde, sind hier nicht noch einmal aufgeführt.)

Bohren, R., Predigtlehre, München (Kaiser) 1974
För, K., Biblische Hermeneutik, München (Kaiser) 1969
Hasselmann, N., Predigthilfen und Predigtvorbereitung, Gütersloh (G. Mohn) 1977 (Lit.!)
Hierzenberger, G., Thematische Verkündigung – was ist das? Wien (Herder) 1974
Hirschler, H., Konkret predigen, Gütersloh (G. Mohn) 1977
Heue, R., Lindner, R., Predigen lernen, Gladbeck (Schriftenmissions-Verlag) 1976
Hummel, G. (Hrsg.), Aufgabe der Predigt, Darmstadt (Wiss. Buchges.) 1971
Jentsch, W., Prediger und Predigt, Gütersloh (G. Mohn) 1978
Jetter, W., Homiletische Akupunktur, Göttingen (Vandenhoeck) 1976
Ders., Symbol und Ritual, Göttingen (Vandenhoeck) 1978
Josuttis, M., Praxis des Evangeliums zwischen Politik und Religion, München (Kaiser) 1974
Lange, E., Predigen als Beruf, Stuttgart (Kreuz) 1976
Lerle, E., Grundriß der empirischen Homiletik, Berlin (Evang. Verlagsanstalt) 1975
Müller, J., Mit den Medien arbeiten, Graz (Styria) 1977
Otto, G., Predigt als Rede, Stuttgart (Kohlhammer) 1976
Seitz, M., Praxis des Glaubens, Göttingen (Vandenhoeck) 2. Aufl. 1979
Spiegel, Y. (Hrsg.), Doppeldeutlich. Tiefendimensionen biblischer Texte, München (Kaiser) 1978
Stollberg, D., Wenn Gott menschlich wäre ..., Stuttgart (Kreuz) 1978
Trillhaas, W., Einführung in die Predigtlehre, Darmstadt (Wiss. Buchges.) 1974
Zink, J., Licht über den Wassern, Stuttgart (Kreuz) 1978